Alexandre PÉTION

DEVANT L'HUMANITÉ

Alexandre PÉTION et Simon BOLIVAR

Haïti et l'Amérique Latine

PAR

Le Docteur François DALENCOUR

Ex-Membre et Président du Jury Médical de Saint-Marc
Ex-Médecin du Port de Saint-Marc
Ex-Chirurgien en Chef de l'Hôpital Militaire de Port-au-Prince
Directeur-Fondateur du *Journal Médical Haïtien*

C'est vous, Pétion, la gloire
la plus pure de la race noire.

Charles D. WILLIAMS,
Ancien Directeur du Lycée Pétion

ET

EXPÉDITION DE BOLIVAR

Par le Sénateur MARION Aîné

Alexandre PÉTION — Simon BOLIVAR

Les deux principaux auteurs de la Liberté de l'Amérique du Sud
Ils appartiennent à l'Humanité entière

En vente chez l'Auteur
340, Rue Féron, PORT-AU-PRINCE

Alexandre Pétion devant l'Humanité

Alexandre Pétion et Simon Bolivar

Haïti et L'Amérique Latine

A ma Patrie

A ma chère Haïti

Alexandre PÉTION
DEVANT L'HUMANITÉ
Alexandre PÉTION et Simon BOLIVAR
Haïti et l'Amérique Latine

PAR

Le Docteur François DALENCOUR
Ex-Membre et Président du Jury Médical de Saint-Marc
Ex-Médecin du Port de Saint-Marc
Ex-Chirurgien en Chef de l'Hôpital Militaire de Port-au-Prince
Directeur-Fondateur du *Journal Médical Haïtien*

C'est vous, Pétion, la gloire
la plus pure de la race noire.
Charles D. WILLIAMS,
Ancien Directeur du Lycée Pétion

ET

EXPÉDITION DE BOLIVAR
Par le Sénateur MARION Aîné

Alexandre PÉTION — Simon BOLIVAR

Les deux principaux auteurs de la Liberté de l'Amérique du Sud
Ils appartiennent à l'Humanité entière

En vente chez l'Auteur
340, Rue Féron, PORT-AU-PRINCE

AVANT-PROPOS

Ce petit opuscule n'était simplement qu'une conférence que je devais prononcer tout d'abord à la Havane et dans d'autres villes de Cuba, au même moment où devait siéger la sixième Conférence Pan-Américaine aux mois de janvier et de février de cette année, et ensuite dans plusieurs villes de toute l'Amérique Latine. Des circonstances indépendantes de ma volonté m'en ont seules empêché. J'étais convaincu que ces nations pourraient s'intéresser davantage à Haïti, en touchant du doigt la psychologie des faits glorieux qui constituent un fonds commun à l'Histoire d'Haïti et à l'évolution des républiques latino-américaines. Dans ce contact, je pensais qu'il fallait éviter tout ce qui revêt un caractère politique trop accentué pouvant donner lieu à des divergences de vues. Je garde toujours cette conviction, et je ne crois pas m'être trompé, eu égard à la marche des évènements depuis ce court espace de temps.

Du reste, c'est une constatation banale que pour intéresser sérieusement et vivement les autres, il ne fait pas bon de parler seulement de soi et de ses souffrances, car il est éternellement vrai que mal d'autrui n'est que songe. On provoque plus d'intérêt, plus de sympathie, quand on dit aux autres des faits auxquels ils ont été mêlés, et nous aussi. La solidarité, une solidarité agissante s'éveille alors spontanément...

Mais, pour bien rendre compte de l'évolution de ma pensée sur ce sujet si passionnant, je dois dire que tout d'abord j'avais pensé à faire un article de revue, une mise au point, en lisant le compte rendu de l'inauguration à Paris aux Buttes-Chaumont des « *Avenues Simon Bolivar et Général San Martin* », au cours de laquelle plusieurs discours solennels furent prononcés qui ne firent pas la moindre mention du geste fraternel du grand Haïtien qui fut le protecteur de Bolivar et lui permit de connaître la gloire du triomphe final. L'Histoire en mains, on peut dire sans ambages, sans crainte d'aucun démenti, que sans le secours donné si généreusement par Pétion, — Simon Bolivar eût été un vaincu, donc un oublié, un méconnu.

Ce fut donc à Paris, la conspiration du silence autour du nom d'Alexandre Pétion, qui fut pourtant celui qui permit cette apothéose à Bolivar. C'est un crime contre l'Histoire qu'on n'a pas le droit de dénaturer, c'est une déloyauté envers la mémoire de Simon Bolivar qui, de ses propres mains, a écrit que « *Pétion est l'auteur de la liberté dans l'Amérique du Sud* », c'est une injustice révoltante à l'égard de la mémoire de Pétion dont on veut ensevelir la gloire.

J'ai pensé qu'il fallait redresser cette injustice, j'en ai fait un devoir patriotique inéluctable. J'écrivis le titre et les sous-titres que je n'ai plus modifiés. Je pris des notes. Accaparé par d'autres travaux, j'abandonnai momentanément mon entreprise civique... Aussi, quand se présenta pour moi la perspective de partir pour la Havane, l'idée de convertir mon article en conférence, en quelque chose de vivant, pour provoquer une attention bienveillante, pour créer une sympathie agissante à l'égard des souffrances de ma patrie, cette idée me traversa l'esprit comme un coup d'éclair, et je me mis à l'œuvre... Le travail était fait... Mais des contrariétés indépendantes de ma volonté m'empêchèrent de partir... Qu'importe ! L'œuvre était créée, il ne faut pas la laisser périr...

Donc, ne pouvant pas prononcer de vive voix ma conférence, afin de créer un de ces mouvements d'opinion et de foule qui conquièrent un auditoire, un pays, avec d'autant plus de facilité qu'on dit la vérité — je suis obligé de me résigner à la faire lire, à faire connaître ma pensée à travers une forme moins vivante, moins animée, moins passionnante...

Dans la vie on fait rarement tout ce qu'on veut, encore moins ce qu'on pense, on fait seulement ce qu'on peut, étant donné les innombrables forces adverses qui paralysent inexorablement la volonté la plus décidée.

Je fais pour mon pays tout ce que je peux. Hélas ! C'est bien peu, en regard de tout ce que je voudrais faire ! C'était pour moi une douloureuse anxiété finissant par une douce joie de pouvoir mettre Alexandre Pétion dans le cadre fleuri et élevé où il mérite d'être placé au point de vue de l'Histoire universelle et relativement à l'Humanité entière.

Cette conférence, devenue ce petit opuscule, devait être mon passeport d'Haïtien dans les pays que j'avais l'intention de visiter. Il peut aussi être le passeport de tout Haïtien qui va à l'étranger et qui n'aura qu'à le présenter à quiconque pour qu'au nom d'Alexandre Pétion dont tous nous sommes les descendants, il soit l'objet du respect auquel il a droit comme Haïtien...

Aussi, j'ai décidé d'en donner une édition anglaise et une édition espagnole.

Port-au-Prince, janvier 1928 Dr Francois Dalencour

P. S. — Malgré l'indifférence générale, je me suis décidé à prononcer à Port-au-Prince et à Jacmel une série de quatre conférences historiques, parmi lesquelles la première était celle que je devais lire à la Havane sur Pétion et Bolivar ; elle a été lue au Port-au-Prince, à Parisiana, dans la matinée du dimanche 18 mars 1928, cette lecture dura deux heures ; à Jacmel, au Club Excelsior, elle a été scindée en deux parties qui ont été lues la première dans la matinée du dimanche 29 avril 1928, et la seconde dans la matinée du mardi 1er mai, fête patronale de Jacmel.

Au cours de la lecture de mes conférences, j'ai dû élaguer beaucoup de passages, afin de ne pas être trop long.

Les trois autres conférences étaient des chapitres de mon Histoire du Droit haïtien, que j'ai lus à Port-au-Prince les dimanches 25 mars, 15 avril et 22 avril 1928 ; à Jacmel le dimanche matin 6 mai et le lundi soir 7 mai 1928.

Je profite de cette occasion pour remercier encore très chaleureusement tous mes amis de Port-au-Prince et de Jacmel.

Dr F. D.

Mai 1928

Alexandre Pétion devant l'Humanité

Alexandre Pétion et Simon Bolivar

Haïti et L'Amérique Latine

Il n'y a pas un haïtien qui reste indifférent à l'évocation de la mémoire de Simon Bolivar. Ce souvenir nous est cher et précieux, parce qu'il fait partie de l'Histoire d'Haïti, dont il constitue l'une des pages les plus glorieuses, remplie de cette élévation morale transcendante qui fait du *Fondateur de la République haïtienne* l'un des plus grands citoyens de l'humanité, *la gloire la plus pure de la race noire.*

L'histoire est ce qui a été. Aucun être au monde ne peut empêcher d'être un fait accompli ce qui a existé, ce qui a été vécu par les hommes. Les faits historiques sont ineffaçables, impérissables, immortels. Le concours généreux, franc et loyal que le Président Alexandre Pétion a spontanément donné à Simon Bolivar qui se trouvait dans un de ces moments de déception douloureuse qui abattent l'homme le mieux trempé, le geste fraternel et noble de Pétion embrassant la cause de Bolivar et lui insufflant une nouvelle énergie et la persistance dans son sublime Idéal, constitue par la grandeur de ses résultats un évènement important de l'histoire de l'humanité.

On dirait qu'au contact de la terre d'Haïti fraîchement arrosée du sang des combattants de la Liberté et de l'Indépendance, aux effluves suaves du cœur d'Alexandre Pétion qui fut un philosophe doux et bon, un parfait démocrate, un républicain génial et un grand homme d'Etat, — Simon Bolivar avait acquis de nouvelles forces qui redoublèrent son enthousiasme et lui donnèrent l'élan irrésistible qui a permis la libération de l'Amérique du Sud comprimée sous la domination espagnole.

Quel poète haïtien ou sud-américain voudra bien un jour extérioriser cette communion spirituelle qui. au cours de l'année mémorable de 1816, eut lieu entre l'âme de Pétion et celle de Bolivar, — Pétion infusant ses grands sentiments moraux, sociaux et politiques dans le cœur de

Bolivar, qui peu à peu est gagné par cette personnalité exceptionnelle dont la renommée avait traversé les mers et conquis le monde entier.

Cette communion sentimentale avait duré plusieurs mois, Pétion et Bolivar s'étant écrit plusieurs lettres, qui sont passées sous les yeux des historiens B. Ardouin et T. Madiou.... Quelle mine psychologique précieuse pour l'Amérique latine et pour Haïti ! Malheureusement, beaucoup de ces lettres qui existaient aux archives nationales jusqu'en 1843, ont été dispersées dans la tourmente de nos luttes fratricides. Les a-t-on recueillies ? Sont-elles perdues à tout jamais ? Existent-elles en quelque part ? Un petit nombre de ces lettres ont été recueillies par le Sénateur Marion aîné, le fils du Général Marion, un des héros signataires de l'*Acte d'Indépendance*, qui commandait l'arrondissement des Cayes en 1816 et fut le premier à accueillir Simon Bolivar en Haïti. Le Sénateur Marion aîné qui était très jeune à cette époque avait assisté son père dans la réception chaleureuse faite à Bolivar et a le grand mérite d'avoir écrit en 1849 une petite brochure d'une quarantaine de pages intitulée : *Expédition de Bolivar,* où quelques lettres de Pétion et de Bolivar ont été sauvées de l'oubli.

Laissons parler l'histoire. Relativement aux documents haïtiens, nulle part on ne peut trouver une description plus fidèle ni plus saisissante des liens spirituels et matériels qui unissent Alexandre Pétion et Simon Bolivar, que dans les « *Etudes sur l'histoire d'Haïti* » du plus grand historien haïtien, Beaubrun Ardouin, qui jeune encore, avait assisté à cet heureux évènement :

« Ce n'était pas envers les Haïtiens seuls que Pétion manifestait ses nobles sentiments..., dit Ardouin. Le président prenait des mesures qui devaient décider du sort d'une grande partie de l'Amérique méridionale, déjà en guerre avec l'Espagne pour parvenir à sa complète indépendance de cette métropole.

« Après des revers récidivés et des fautes personnelles, le célèbre Simon Bolivar était arrivé aux Cayes (1) dans les derniers jours de Décembre 1815, venant de la Jamaïque où il avait passé quelque temps dans une inaction forcée. Il précéda le commodore Aury et son escadre, qui s'y rendirent le 6 Janvier, ayant évacué la ville de Carthagène : les troupes espagnoles s'en emparèrent après un siège de plusieurs mois qui avait occasionné aux indépendants les plus grandes privations. Cet escadre, composé de dix navires, amena aux Cayes les principaux chefs de Vénézuela et de nombreuses familles, tous manquant des choses de première nécessité.

(1) La ville des Cayes est le chef-lieu du Département du Sud de la République d'Haïti.

Simon BOLIVAR

1783-1830

L'immortel *Libérateur* de l'Amérique du Sud. Pétion fut l'ami de Bolivar, à qui il conseilla l'abolition de l'esclavage, après avoir — dit le grand journal vénézuélien *El Universal* en 1911 — comblé la République de présents utiles, offerts avec une délicatesse qui faisait dire au Libérateur : « *Présents couverts de fleurs* ».

Les pélerins de la Liberté, guidés par Bolivar, rencontrèrent un asile généreux et réconfortant pour l'œuvre de la rédemption dans la grandeur d'âme de Pétion. D'après *El Universal*, 1911, à l'occasion du premier centenaire de la République du Vénézuéla.

« Parmi les chefs vénézuéliens, on distinguait les généraux Marino, Bermudes, Piar, Palacios et Mac-Grégor, le colonel Ducoudray-Holstein, l'intendant Zéa, les deux frères Pineres,les commodores Louis Aury et Louis Brion, et le père Marimon que Pétion plaça peu de temps après à la cure de Petit-Goâve.Ce prêtre quitta Haïti ensuite, pour retourner dans sa patrie où il avait été nommé sénateur.

« Le Général Marion,commandant de l'arrondissement, secondé du colonel Poisson Pâris, commandant de la place, et des autres autorités civiles et militaires, leur fit un accueil cordial, auquel la population entière de la ville ajouta des marques d'une générosité sans exemple, en les logeant et en exerçant, enfin envers eux une hospitalité digne des mœurs de cette belle cité, à cette époque.

« Bolivar s'était empressé de se rendre au Port-au-Prince auprès de Pétion, pour recommander ses compatriotes, forcés de s'exiler, et solliciter de lui des secours dans le but de retourner dans son pays pour le reconquérir sur les Espagnols.

« C'était fournir à Pétion une heureuse occasion de servir la cause de la liberté et de l'indépendance dans le Nouveau-Monde. Il accueillit Bolivar avec une grande bienveillance, la distinction la plus méritée, non seulement par rapport à sa position de fugitif, mais en considération des services qu'il avait déjà rendus à sa patrie. Cependant Pétion, n'oubliant jamais son origine africaine et s'inspirant toujours d'une politique généreuse, fit comprendre à Bolivar que l'Indépendance des colonies espagnoles devait nécessairement profiter à *tous les hommes* qui en forment la population, et non pas comme avaient procédé les colonies anglaises de l'Amérique septentrionale. Il mit donc pour *condition* des secours qu'il allait lui donner en armes, munitions, etc.., que Bolivar fit la promesse solennelle, de proclamer « la *liberté générale de tous les esclaves* de la province de Vénézuéla et de toutes autres qu'il « réussirait à réunir sous le drapeau de l'indépendance. »

« N'eût-il pas en lui-même un caractère généreux, Bolivar aurait cédé à l'ascendant de cet esprit supérieur, plaidant la cause des esclaves après s'être dévoué à la défense de la liberté en Haïti. Il n'ignorait pas la carrière militaire et politique du chef auquel il s'adressait, et il n'avait qu'à ouvrir les yeux pour voir les heureux effets de la liberté dans le pays qu'il visitait pour la première fois. En ce temps-là, son indépendance nationale était encore menacée de toute la puissance de la France, et Bolivar voyait toutes les classes de citoyens jaloux de défendre et de maintenir leurs droits, mais calmes et rassurés sur leur triomphe indubitable, à l'ombre des lois et sous la conduite de leur modeste président. Il promit à Pétion de remplir ses vues équitables. Et disons-le une fois, il fut fidèle à sa parole, en proclamant *la liberté générale* successivement à Margarita, à Carupano, à Ocumare, en faisant plus encore pour cette cause sacrée, car il libéra *ses propres esclaves* au nombre de 1.500, dans son vaste domaine de San-Mateo, près de Caracas. Il acquit cette gloire, plus pure aux yeux des hommes sensés, plus méritoire aux yeux de Dieu, que tous ses succès éclatants, rien que par son contact avec Pétion, qu'en lisant, pour ainsi dire, au fond de ce cœur bienfaisant.

« Bolivar fut fidèle à sa parole donnée à Pétion, mais une opposition formidable s'éleva contre la liberté des esclaves. En 1821, une liberté graduelle fut proclamée, et ce n'est qu'en 1854 que les derniers esclaves ont été libérés, par l'influence du général Monagas, Président de la République de Vénézuéla.

« Le 4 Janvier, Pétion avait déjà vu Bolivar. Il écrivait au général Marion, que la ville de Carthagène étant tombée au pouvoir des royalistes espagnols, il devait arrêter toute exportation des grains et autres comestibles du port des Cayes : c'était en prévision des secours alimentaires qu'il faudrait donner aux indépendants qui y arrivèrent le 6. Et quoiqu'il apprit l'hospitalité qu'ils y reçurent, le 26, il ordonna à ce général de leur faire délivrer du magasin de l'Etat, à chacun, une ration journalière en pain et en salaisons. « *C'est un acte d'humanité*, dit il, *digne du gouvernement de la République.* » Digne aussi, ajoutons-nous, du chef qui honorait ainsi son pays.

« Le 26, une autre lettre au général Marion lui prescrivait de mettre à la disposition de Bolivar, qu'il avait préalablement recommandé à ses attentions, 2.000 fusils et leurs baïonnettes et le plus de cartouches et de pierres à fusil qu'il pourrait. « Vous ferez sortir ces objets de l'ar-« senal comme envoi fait à la Grande-Anse... Il est à pro-« pos que cela ne transpire pas, et je me repose sur les « précautions que vous prendrez à cet égard. » Et Pétion indiquait comment ces objets devaient être transportés sur un des navires indépendants. Par d'autres lettres, il ordonna de fournir à Bolivar de la poudre, du plomb, etc., toujours avec la même prétendue destination et les mêmes précautions. Ses motifs étaient qu'il ne fallait pas donner à penser que la République violait la *neutralité* qu'elle voulait garder entre l'Espagne et ses colonies en insurrection.

« Pétion poussa même son scrupule à ce sujet, jusqu'à refuser une de ces satisfactions d'amour-propre que tout autre chef que lui se fût empressé d'accepter. Le 8 Février, Bolivar lui adressa des Cayes une lettre où il lui disait : « Monsieur le Président, je suis accablé du poids « de vos bienfaits... Nos affaires sont presque arrangées... « Je n'attends que vos dernières faveurs... Par M Inginac, « votre digne secrétaire, j'ose vous faire de nouvelles prié-

« res. (1) Dans ma proclamation aux habitants de Vénézuéla, et dans les décrets que je dois expédier *pour la liberté des esclaves*, je ne sais pas s'il me sera permis de témoigner les sentiments de mon cœur envers Votre Excellence et de laisser à la postérité un monument irrévocable de votre philantropie. Je ne sais, dis-je, si je devrai *vous nommer* comme *l'auteur de notre liberté*... Je prie Votre Excellence de m'exprimer sa volonté à cet égard... »

« Le 18, Pétion lui répondit : « Vous connaissez, général, mes sentiments pour ce que vous avez à cœur de défendre et pour vous personnellement. Vous devez donc être pénétré combien je désire voir sortir du joug de l'esclavage ceux qui y gémissent; mais, des motifs qui se rapportent aux ménagements que je dois à une nation, qui ne s'est pas encore prononcée contre la République d'une manière offensive, m'obligent à vous prier de ne rien proclamer dans l'étendue de la République, ni de nommer mon nom dans aucun de vos actes, et je compte, à cet égard, sur les sentiments qui vous caractérisent..»

« Dans la situation où se trouvait Haïti, il était convenable, sans nul doute, de ne pas donner aux Bourbons de France une occasion, un sujet d'intéresser les Bourbons d'Espagne à faire cause commune avec elle. La partie de l'Est, rétrocédée par la France à l'Espagne, était en paix avec la Républipue d'Haïti et avec le territoire soumis à Christophe, elle y entretenait un commerce de bestiaux qui était utile à l'approvisionnement des Haïtiens : ce trafic eût pu cesser par un ordre venu d'Europe, si l'on n'évitait pas de paraître ostensiblement encourager l'expédition de Bolivar. En le continuant, au contraire, Pétion jetait incessamment dans l'Est *des jalons* pour sa réunion future à la République, car il maintenait de bonnes relations avec son gouvernement local, et encore plus avec les habitants des communes voisines et leurs commandants, qui s'étaient tous inspirés des idées et des sentiments de Cyriaco Ramirez, de même que Christophe agissait envers ceux qui suivaient la pensée de Juan Sanches. Voilà probablement les principaux motifs du modeste refus qu'il fit à Bolivar, et de la circonspection qu'il recommandait au général Marion, indépendamment de ce qu'il ne fallait pas porter la population des Cayes, à mal apprécier les secours qu'il donnait aux indépendants de Vénézuéla, dans un temps où l'Etat achetait des objets de

(1) « Il n'y a pas, en effet, une seule affaire importante de la République d'Haïti, dans laquelle Inginac n'ait pris part. Sa haute capacité, sa dextérité, sa finesse, son patriotisme lui donnaient droit à ce concours. Il fut un homme vraiment remarquable, et plus d'un personnage européen, parmi ceux qui vinrent à Haïti, se plut à le dire. » B. Ardouin.

guerre pour l'éventualité d'une invasion de la part de la France.

« Au surplus, qu'importait à un homme du caractère de Pétion, la gratitude que Bolivar eut exprimée dans ses actes, pour l'assistance qu'il en reçut ? Il était au-dessus de ces puériles vanités qui font faire tant de sottises à la plupart des chefs d'Etat. Gouverner son pays avec intelligence, jeter les fondements de sa prospérité future, en observant les vrais principes de l'ordre social, faire concourir ses concitoyens à l'émancipation politique de leurs semblables dans une vaste contrée de l'Amérique: c'étaient, dans sa pensée comme dans son cœur, des choses plus dignes du chef de la première Nation sortie de la race noire, et s'émancipant elle-même du joug européen, sans aucune autre assistance que celle de la Providence, sans autres moyens que ceux qu'elle puise dans son irrésistible énergie.

« Pétion prêta encore à Bolivar le concours de son autorité pour faire cesser une division qui s'établit entre lui et le général Bermudés et le commodore Aury qui allaient s'en séparer : il dicta au général Marion des mesures à cet effet, et Marion remplit ses vues avec intelligence et un véritable dévouement à la cause des indépendants : il les réconcilia. Comme cette querelle entre eux avait eu pour origine des réparations faites par Aury à l'un des navires de son escadre, et d'autres avances qu'il fit, le président ordonna de lui compter 2.000 piastres du trésor pour l'en indemniser. On verra que dans une autre circonstance, Aury se ressouvint de la générosité de Pétion. Ce marin français avait été contre-maître à Toulon.

« Enfin Bolivar reçut du général Marion, en tout, 4.000 fusils, 15.000 livres de poudre, autant de plomb, des pierres à fusil, une presse à imprimer et des provisions pour les hommes formant son expédition. *Le président lui permit même d'y comprendre des Haïtiens qui voulurent y concourir*. On ne pouvait pas faire davantage pour la faciliter et donner au *Libérateur* une occasion de rétablir son autorité dans sa patrie, afin d'en assurer l'indépendance politique. Le 10 Avril, il partit du port de Cayes avec son escadre qu'il avait placée sous les ordres de Louis Brion. Cet excellent marin lui était dévoué personnellement et avait déjà rendu de grands services aux indépendants : il naquit à Curaçao.

« Le général Borgella avait accueilli Bolivar et ses principaux officiers à Custines, sa propriété, où il vivait comme un Cincinnatus; il y logea plusieurs familles et d'autres dans sa maison, aux Cayes. En lui témoignant l'estime que lui inspiraient son caractère, ses services et sa réputation militaire, Bolivar lui proposa d'aller l'aider à conquérir la Côte-Ferme sur les Espagnols. Mais Borgella lui répondit ; « Mon pays pourra avoir besoin de mes services, je ne puis « accepter vos offres. »

« L'abbé Gaspard, curé de Port-au-Prince, accueillit Bolivar et d'autres vénézuéliens qui s'y rendirent aussi, notamment l'aimable famille des Soublette, dont l'un de ses membres, Charles Soublette, devint president de cette République : elle était de la classe des Mantuanas de Caracas et alliée à Bolivar. Ces personnes d'un rang distingué furent l'objet des plus grands égards des habitants de la capitale. » (B. Ardouin, *Etudes sur l'histoire d'Haïti*, tome 8, pages 180 à 187.)

Cette belle exposition historique n'a pas besoin de commentaires. Nous voulons seulement insister sur un passage d'une des lettres de Simon Bolivar qui reconnaît *Alexandre Pétion comme l'auteur de la liberté dans l'Amérique du Sud...* Ce passage est assez éloquent par lui-même.

Mais admirez aussi la grande modestie de Pétion qui, avec raison, ne voulut pas tirer vanité d'un acte de générosité qu'il trouvait tout naturel.

En faisant ses adieux au Général Marion, Bolivar lui exprima toute sa reconnaissance pour toutes les bontés qu'il avait eues pour lui personnellement durant son séjour aux Cayes, et le pria d'accepter, *avec l'accolade fraternelle, son portrait en médaillon*, comme un témoignage de ses sentiments de profonde affection. Déjà, avant de faire ses adieux, Bolivar avait donné à la famille du Général Marion une magnifique et grande timbale d'argent massif. Ce précieux souvenir fut malheureusement perdu à Kingeton (Jamaïque) au cours d'un séjour d'un membre de la famille Marion.

Ce que les documents officiels n'ont pas pu rapporter, c'est l'autorisation empressée que Pétion accorda à beaucoup d'Haïtiens malgré l'état de guerre avec Christophe de s'enrôler dans le corps expéditionnaire de Bolivar et d'aller verser leur sang pour la liberté de l'Amérique méridionale *Cette liberté est donc scellée du sang haïtien*. Les citoyens de la ville des Cayes surtout, qui ont si chaleureusement accueilli Bolivar et ses dignes compagnons dans leurs propres maisons, ceux du Département du Sud et de l'Ouest peuvent revendiquer ce grand honneur.

Mais ce n'est pas tout. Les circonstances ont démontré que le noble geste de Pétion envers Bolivar au commencement de l'année 1816 n'était pas un acte isolé sans lendemain, et était d'accord avec sa vraie nature qui était, toute, d'élévation morale et humanitaire. Après le départ des Cayes, l'expédition de Bolivar éprouva beaucoup de contrariété. Bolivar personnellement, eut à subir de cruelles déceptions, et une deuxième fois, il vint encore se jeter dans les bras de Pétion qui l'accueillit toujours avec la même bienveillance et la même sympathie agissantes que la première fois. C'était la fin de l'année mémorable de 1816.

Nous laissons de nouveau la parole au prince des historiens haïtiens, à Beaubrun Ardouin :

« Dans le courant du mois de septembre, S. Bolivar était arrivé au Port-au-Prince, *encore en fugitif*. Quand il partit des Cayes, en avril, il se rendit avec sa flotille à l'île de la Margarita. Le 31 mai, il opéra le débarquement de ses troupes sur la Côte-Ferme, à Carupano, où deux de ses meilleurs généraux, Marino et Biar, se séparèrent de lui pour aller recruter des forces dans l'intérieur. Bolivar se porta alors à Ocumare où il débarqua le 3 Juiltet. Le 6, dans une proclamation aux habitants de Vénézuéla il décréta « la liberté générale des esclaves » comme il l'avait déjà fait à la Margarita et à Carupano. « Nos malheureux « frères qui endurent *l'esclavage*, dit-il, sont dès ce mo- « ment, déclarés *libres*. Les lois de la nature et de l'huma- « nité, et le gouvernement lui-même réclament leur liberté. « Désormais, il n'y aura dans Vénézuéla qu'une classe « d'habitants : tous seront citoyens. »

« Après ce nouvel acte, où il tenait pour la troisième fois sa parole donnée à Pétion, il se rendait à Valencia, lorsque le 10 juillet, il rencontra le général Moralès, Espagnol royaliste, qui le vainquit dans un combat. Contraint de fuir, Bolivar, revint à Ocumare où il s'embarqua sur *la Diane*, bâtiment des indépendants. Il se dirigeait avec toute la flotille à l'île hollandaise de Buenos-Ayres, quand l'amiral Brion le joignit et le persuada de retourner auprès de ses compagnons d'armes. Mais ayant rejoint Marino et Piar, *ces deux généraux l'accablèrent de reproches, et Piar menaça de le faire arrêter et juger : ce qui l'indigna et le porta à se rembarquer et à revenir à Haïti.* (1)

« Ayant si loyalement rempli les promesses qu'il fit à Pétion, relativement aux esclaves, Bolivar ne pouvait qu'en recevoir de nouveau un accueil distingué, quoi qu'en ait dit Ducoudray-Holstein, qui a écrit l'histoire de sa vie. Pétion savait que tout militaire est sujet à des revers, et que le principe de la liberté générale, une fois proclamée dans le Vénézuéla, porterait nécessairement son fruit.

« Le 9 octobre, en apprenant l'élection à vie du président, il lui adressa une lettre des plus flateuses où il rendit justice à ses hautes qualités gouvernementales : « Vo- « tre Excellence, lui dit-il, possède une faculté qui est au- « dessus de tous les empires, celle de la bienfaisance... « Il n'y a que le Président d'Haïti qui gouverne pour le

---

(1) Bolivar n'oublia pas l'offense que lui avait faite le général Piar. Après que celui-ci eût fait la conquête de la Guyane et pris possession de la ville d'Angostura, en Juillet 1817, Bolivar s'y rendit. Le 9 octobre, il fit fusiller Piar, qui fut accusé, étant *mulâtre* de vouloir établir une République de noirs et de mulâtres dont il serait le président. Nous ne savons pas si cette accusation était fondée, mais Bolivar émit à cette occasion, une proclamation où il exprimait le regret d'avoir été contraint à cet acte de sévérité.

(B. ARDOUIN).

« peuple : il n'y a que lui qui commande à ses égaux. Le « reste des potentats, contents de se faire obéir, méprisent « l'amour qui fait votre gloire... Votre Excellence vient « d'être élevée à la dignité perpétuelle de Chef de la Répu- « blique, aux acclamations libres de ses concitoyens, seule « source légitime de toute puissance humaine! *Elle est donc « destinée à faire oublier la mémoire du grand Washington, « en se frayant une carrière d'autant plus illustre que les obs- « tacles sont supérieurs à tous les moyens. Le Héros du « Nord (Washington) ne trouva que des soldats ennemis à « vaincre, et son plus grand triomphe fut celui de sa propre « ambition.* Votre Excellence a tout à vaincre, ennemis et « amis, étrangers et nationaux, les pères de la patrie, et « jusques aux vertus de ses frères. Cette tâche ne sera pas « la plus difficile pour Votre Excellence, *car elle est au- « dessus de son pays et de son époque*...Je prie Votre Excel- « lence d'agréer avec l'indulgence qu'Elle a toujours eue « pour moi, l'expression candide d'une admiration sans « bornes, pour ses vertus, du respect pour ses talents, et « de la reconnaissance pour ses bienfaits.»

« On peut concevoir l'expression d'une telle admiration, par les secours que Bolivar avait reçus de Pétion au commencement de l'année, mais aussi par l'appréciation qu'il put faire de toutes ses qualités éminentes qui lui valurent de semblables éloges de la part de D. Lavaysse (1), parlant à son propre gouvernement. En ce moment, Bolivard voyait encore encore avec quelle dignité il recevait les commissaires français, des colons, forcés eux-mêmes de rendre justice aux procédés de Pétion envers eux.

« Peu après, l'amiral Brion réussit à porter les compagnons d'armes de Bolivar à le rappeler auprès d'eux, car son influence pouvait davantage pour le succès de la cause de l'indépendance de la Côte-Ferme. Pétion lui accorda de nouveaux secours en armes, munitions, etc., qu'il prit au Port au-Prince et à Jacmel : là il s'embarqua sur *la Diane* le 26 décembre, cette fois, pour aller triompher définitivement de la puissance espagnole dans ces contrées.

« Au moment où il adressait sa lettre à Pétion, le général Mina arrivait au Port-au Prince sur le vaisseau *le Calédonien*, escorté de la cornette *la Calypso*, venant de Londres et en dernier lieu des Etats-Unis. Ce général s'était rendu célèbre, en Espagne, par la guerre de guérillas qu'il fit aux Français, de 1809 à 1814, mais il avait quitté son pays dans cette année pour se réfugier en Angleterre, à cause du despotisme de Ferdinand VII, et il allait alors prêter son appui aux indépendants du Mexique, dans la lutte qu'ils soutenaient contre l'Espagne. *La République d'Haïti, déjà renommée à l'étranger par la haute réputation de Pétion et*

(1) Missionnaire français envoyé officiellement auprès de Pétion vers 1814.

sa sollicitude pour tout ce qui favorisait la liberté et l'indépendance de l'Amérique, parut à Mina comme la dernière station où il devait s'inspirer pour son entreprise. En rencontrant Bolivar au Port-au-Prince, il se fortifiait par lui dans ses desseins.

« La capitale de la République offrait en ce moment l'intéressant spectacle d'une réunion d'hommes de divers pays, y venant s'abriter à l'ombre de ses lois toutes favorables à la liberté, assistant à l'édification de ses nouvelles institutions et en témoignage de la confiance d'un jeune peuple qui remettait aux mains de son premier magistrat, les rênes du gouvernement de l'Etat pour toute la durée de sa vie. On y voyait outre les commerçants étrangers, Mina et ses compagnons, Bolivar et plusieurs de ses compatriotes, des Français fuyant leur beau pays à cause des proscriptions de la réaction de 1815, et parmi eux, l'ex-conventionnel Billaud-Varenne qui trouva *enfin* un asile dans ses malheurs. Ce dernier et les plus éminents parmi les autres, voyaient Pétion assez souvent parce que, dans la simplicité de ses mœurs républicaines, il était accessible à tous. Ils allaient admirer en lui, l'ami de ses concitoyens, le père de la patrie qui leur donnait refuge. » (B. Ardouin, *Etudes sur l'Histoire d'Haïti*, tome 8, pages 236 à 239).

Ce témoignage historique est inattaquable, parce que l'historien Beaubrun Ardouin fut un témoin oculaire et auriculaire de tous ces faits qui rehaussent la mémoire du *plus grand de tous les Haïtiens, la gloire la plus pure de la race noire.* D'ailleurs, tous ces faits cadrent merveilleusement avec le caractère moral, bon, libéral, noble et élevé d'Alexandre Pétion, qui, alors, apparaît comme *l'incarnation et l'expression la plus vivante de la pensée latine dans l'Amérique.*

Avec les nouveaux secours donnés par Pétion à un moment psychologique, c'était la dernière carte, Bolivar connait le triomphe. A peine débarqué à Margarita et à Barcelona, Bolivar met en pièces l'armée du général espagnol Morillo et marche ensuite de victoire en victoire. La République du Vénézuéla est d'abord proclamée ; en 1819, Bolivar passe dans la Nouvelle-Grenade, franchit les Andes, et réunit la Nouvelle-Grenade au Vénézuéla sous le nom de « RÉPUBLIQUE DE COLOMBIE ». Puis, ce fut le tour du Pérou : Bolivar entra en triomphe à Lima en 1823, et assisté de son lieutenant Sucre fit prisonnier le vice-roi La Serna, à la célèbre bataille d'Ayacucho, en 1824. La prise de Callao en 1826 mit fin à la domination espagnole. Bolivar songea alors à confédérer les trois Etats qu'il avait affranchis: La Colombie, le Pérou, et la Bolivie en une république fédérative des Etats-Unis du Sud. Cette fédération remaniée forme les cinq républiques de Vénézuéla, de Bolivie, du Pérou, de l'Equateur et de la Colombie. Panama ne s'est détaché de la Colombie qu'en 1903.

Alexandre PÉTION

PRÉSIDENT D'HAITI de 1807 à 1818

Cette gravure représente Pétion en costume militaire, la main droite tenant la Constitution et la main gauche sur la poignée de son épée. Cette pose est symbolique de la carrière de l'incomparable Citoyen, qui fut un génie militaire et un génie civique, appelé à juste titre « LE PÈRE DE LA PATRIE HAITIENNE. »

Nul ne fut plus grand, avant comme après, dans les fastes de l'Amérique.

Ce n'est pas seulement à Bolivar que Pétion donne un concours moral et matériel, c'est aussi au général Mina, neveu du grand général Espagnol du même nom, connu pour sa résistance opinâtre aux armées de Bonaparte. Le contact moral et spirituel avec Pétion et Bolivar avait fortifié Mina qui, de Port-au-Prince, se rendit au Mexique pour embrasser la cause des insurgés indigènes mexicains qui s'étaient soulevés dès 1808 contre l'Espagne embarrassée dans ses luttes continentales. La tentative d'Hidalgo en 1810 avait échoué, de même que celle de Morelos en 1815. Mina, en 1816, eut d'abord quelques succès mais ne fut pas plus heurenx dans la suite que ses courageux prédécesseurs, puisqu'il fut pris et fusillé par les Espagnols Mais l'idée de l'indépendance mexicaine avait pris racine et était devenue invincible. Ce sont les derniers efforts de Mina qui ont facilité le triomphe final et définitif du géné- Iturbide : le Mexique était désormais libre et indépendant. Il n'y a donc pas de doute que le Président Pétion et Partant Haïti, a sa petite part dans l'indépendance mexicaine, par toutes les facilités qui furent accordées au général Mina pour son ravitaillement et son approvisionnement militaire.

Voilà l'œuvre magnifique d'Alexandre Pétion, le résultat merveilleux du concours donné en deux fois à Bolivar et une fois au général Mina. Cette belle œuvre rejaillit sur toute Haïti. Pétion, étant mort en 1818, n'eut pas le bonheur d'assister à cette riche éclosion dont il était l'auteur, le père. Le peuple haïtien peut être fier et se montrer digne de cette glorieuse action. Il est vraiment heureux pour la nation haïtienne que Beaubrun Ardouin ait tiré de nos archives nationales, hélas ! dispersées depuis quelque temps, le belle lettre de Simon Bolivar écrite à Port-au-Prince, au cours de son second séjour de plusieurs mois en Haïti, quand il eut appris l'élection à vie d'Alexandre Pétion à la Présidence d'Haïti. Sans ce soin pieux de la part de notre grand historien, l'histoire n'aurait jamais connu une relique aussi précieuse pour la nation haïtienne, cette belle lettre dictée par la reconnaissance, dans laquelle Simon Bolivar met Alexandre Pétion au-dessus de Georges Washington, qu'il appelle le héros du Nord. Le sénateur Marion aîné mérite aussi les mêmes éloges pour avoir écrit, en 1849, sa brochure intitulée « Expédition de Bolivar » où il parle de la générosité de Pétion et reproduit une grande partie de la correspondance officielle échangée à ce sujet entre Pétion, Bolivar et son père, le général Marion, commandant de l'arrondissement des Cayes et les principaux chefs de l'expédition.

Simon Bolivar savait bien en l'élevant si haut, qu'il disait la vérité sur Alexandre Pétion, qui avait tant insisté auprès de lui pour qu'il abolît l'esclavage dans l'Amérique du Sud. Simon Bolivar savait que Georges Washington, même chef d'Etat, avait possédé des esclaves. Ce ne fut que près d'un siècle plus tard qu'Abraham Lincoln répara la faute de Washington.

Si l'on veut bien réfléchir à la situation périlleuse intérieure et extérieure où se trouvait la République de Pétion, on comprendra naturellement le mérite inappréciable du concours donné à Bolivar : d'un côté, à l'intérieur, l'état de guerre avec Christophe, la nécessité d'être perpétuellement sous les armes, les ennuis politiques suscités par les meilleurs haïtiens de l'époque, ennuis dont Bolivar a été le témoin et qu'il a déplorés ; de l'autre, la France n'ayant pas désarmé, on était sur un qui-vive continuel, toujours en état de guerre, l'arme aux bras, dans l'attente anxieuse d'une expédition militaire et navale du gouvernement français excité par les féroces colons qui ne désespéraient pas de reprendre leurs belles habitations et de rétablir l'esclavage à leur profit ; ensuite la monarchie espagnole nous guettait à cause des secours déjà donnés aux patriotes dominicains, enfin les Anglais n'oubliaient pas leurs tentatives avec Toussaint Louverture pour supplanter la France dans la possession de la perle des Antilles. Les trois plus grandes puissances coloniales du monde de cette époque étaient donc mal disposées envers nous et ne cherchaient qu'un prétexte, n'attendaient qu'une occasion favorable pour fondre sur nous et pour nous anéantir.

Toutes ces menaces formidables n'ont pas pu empêcher Pétion de tendre une main fraternelle et généreuse à Bolivar, non pas une seule fois, mais en deux fois ! Il faut bien croire que Pétion avait la passion acharnée du Bien et de la Charité. Tout son être ne pouvait rayonner que du Bien. Pétion avait une foi inébranlable dans l'avenir de la Liberté dans le monde et particulièrement dans l'Amérique méridionale. Quand il s'agissait de faire du bien et de défendre la Liberté, Alexandre Pétion ne connaissait pas la peur des responsabilités ni la crainte des représailles.

Plus encore que Simon Bolivar et San Martin, à cause du milieu spécial ou il vivait, Alexandre Pétion a prouvé au monde que, malgré d'infinies difficultés, ceux qui veulent réussir ne doivent pas marchander avec leur conscience et doivent subir toutes les épreuves, toutes les amertumes, toutes les injustices auxquelles ils peuvent être en butte par la méchanceté, la folie ou l'ignorancee de certains de leurs contemporains.

Ce sont ses propres sentiments qu'Alexandre Pétion a inculqués à Simon Bolivar pendant les deux séjours que celui-ci fit au Port-au-Prince. C'est par ces sentiments élevés, plus que par leur gloire ou leur génie que Bolivar et Pétion doivent rester comme un pur exemple dans l'âme et l'histoire des peuples, ainsi que l'a excellement exprimé un publiciste sud-américain, M. de Hostos à propos de Bolivar et de San Martin.

Plus encore que Simon Bolivar et San Martin, Alexandre Pétion n'appartient pas seulement à l'Amérique Latine, il appartient à l'Humanité toute entière.

Alexandre Pétion dépasse Georges Washington, dans l'échelle de l'Humanité, parce que Simon Bolivar, après avoir vécu plusieurs mois en Haïti, avait constaté les efforts moraux inouis que le plus grand des haïtiens eut à accomplir afin de bien constituer la nation haïtienne,

En effet, Pétion eut tout à vaincre, comme le dit Bolivar : ennemis et amis, étrangers et nationaux; ses meilleurs collaborateurs dans l'œuvre de l'Indépendance lui suscitèrent des difficultés sans nombre que seules, sa moralité élevée, sa sagesse éprouvée et sa patience infinie pouvaient vaincre. Tandis que Washington n'eut que les soldats anglais à vaincre, comme Bolivar le précise si bien dans sa comparaison imagée.

Mais, connaissant la grandeur morale de son protecteur, Simon Bolivar lui prédit la victoire, sachant par le témoignage de ses yeux et de sa conscience, qu'Alexandre Pétion « *est au-dessus de son pays et de son époque*... »

La lettre du 9 octobre 1816 de Simon Bolivar à Alexandre Pétion constitue, nous le répétons, un document précieux et pour l'Histoire d'Haïti et pour l'Histoire universelle. Cette lettre constate un fait remarquable : à cette époque toutes les nations du monde étaient gouvernées par des potentats absolus, rois empereurs et princes : il n'y avait dans le monde entier que deux républiques, celle des Etats-Unis de l'Amérique du Nord et la république d'Haïti. Partout ne règnent que l'absolutisme et le despotisme, et la république de Washington renfermait des esclaves soumis au dur et cruel préjugé de couleur. Seule, la république de Pétion offrait l'image parfaite de la liberté, de l'égalité et de la fraternité humaines incarnées dans les immortels principes de 1789.

Ce n'est qu'un demi-siècle après la fondation de la république de Pétion, que la république de Washington, grâce à Abraham Lincoln et au prix de déchirements intérieurs, abolit l'esclavage et voit régner une égalité humaine qui n'est encore que partielle par suite de la persistance du préjugé de couleur qui a dans ce pays la force d'une loi inexorable se manifestant par des cruautés criminelles et des injustices inqualifiables.

Puisque nous parlons de Lincoln, n'est-ce pas le moment de détruire cette légende fantaisiste sur la fameuse guerre de Sécession, qu'on représente universellement comme ayant été faite uniquement dans un but humanitaire, l'abolition de l'esclavage. Ce n'est qu'une fable qui ne cadre pas du tout avec la mentalité américaine si égoïste. Selon M. André Tardieu, qui est un spécialiste des questions américaines, la guerre de Sécession n'est pas née des campagnes abolitionnistes, mais simplement d'un des innombrables incidents de la colonisation de l'Ouest. Au début de cette guerre civile, Abraham Lincoln ne songeait pas à abolir l'esclavage. Ce n'est pas un combat de doctrines, ni un duel philosophique qui va, pendant tant d'années, risquer de couper en deux la République américaine. *Le problème est économique, et rien qu'économique.* Il s'agit de savoir quel sera le régime d'exploitation de l'Ouest.

Servile ? Ce serait fermer des États aux blancs qui, depuis 1815, s'y portent de plus en plus nombreux. Libre ? Ce serait les fermer au Sud, dont les ressources, comme celles du Nord, ont contribué à les former. Il s'agit de l'appropriation d'un sol, que l'ordonnance de 1787 a réservé à la Confédération et pour lequel le Nord et le Sud proposent deux formes inconciliables de mise en valeur. *Sans l'Ouest, dont le Nord et le Sud ont besoin, le Sud eût gardé ses esclaves et le Nord, plus anti-nègre que le Sud, n'y eût rien objecté. Lincoln lui-même l'a reconnu.* La guerre venue, — *non pour affranchir les noirs, mais pour sauver l'union* — l'émancipation s'en est suivie et même l'admission au vote. Mais les deux amendements ont été la conséquence, non le but, — ou encore le « chapeau » mis après coup sur l'ensemble, comme plus tard le *World safe for Democracy* de Woodrow Wilson. (Voy. André Tardieu, *Devant l'Obstacle. L'Amérique et Nous*, 1927, p. 47-48).

Ce fait historique ne fait que rehausser davantage la gloire de Pétion qui imposa à Bolivar la libération de tous les esclaves de l'Amérique du Sud, comme condition du généreux concours qu'il donna en deux fois à Bolivar.

En ce temps glorieux de notre histoire, et en preuve de l'inconséquence du gouvernement des Etats-Unis qui voulait accréditer auprès du gouvernement du Nord un agent commercial en se servant des anciennes dénominations coloniales, le brick de la République haïtienne, *la Confiance* faisait flotter l'emblème de la Nationalité d'Haïti dans le port de la Nouvelle-Orléans, à la confusion des anciens colons de Saint-Domingue, qui s'y étaient réfugiés depuis longtemps. Ils firent retenir leurs plaintes dans les journaux, accusant les Américains de tiédeur, et parce qu'encore de jeunes enfants de la classe de couleur de cette ville s'avisèrent de parcourir les rues avec un petit drapeau haïtien, au cri de : *Vive Pétion !* (B. Ardouin, *Etudes sur l'Histoire d'Haïti*, t. 8, p. 299).

C'est à ce moment que Billand-Varennes, le violent conventionnel français, proscrit par son pays, reçut en même temps que Bolivar l'hospitalité de Pétion, et s'écria, en découvrant la terre d'Haïti : « *C'est la seule terre où je puisse respirer librement.* Le peuple dans le sein duquel je vais, sera pour moi indulgent, car, lui aussi a vu la liberté, que la tyrannie avait enchaînée, terrasser ses oppresseurs et dans sa fureur déraciner un infâme système ».

Alexandre PÉTION
PRÉSIDENT d'HAITI de 1807 à 1818

né au Port-au-Prince le 2 avril 1770 et ravi à sa patrie le 29 mars 1818.

Ce portrait avait été dédié à S. Ex. Jean-Pierre Boyer, Président d'Haïti par son dévoué serviteur, le peintre français Barincou. C'est le portrait fidèle de l'incomparable Haïtien en civil, dans l'intimité, quand il recevait ses nombreux amis et admirateurs.

Le Sénateur Marion avait donc raison de dire que « cette gloire de Pétion rejaillit sur toute Haïti. Alors la vraie liberté n'existait nulle part dans le Nouveau Monde, si ce n'est en Haïti, le deuxième Etat indépendant de l'Amérique. Nous disons *la vraie liberté*, car nous ne concevons pas un pays libre, au 19e siècle, dont les champs sont couverts d'esclaves sans cesse torturés. Le mot de liberté, tracé orgueilleusement sur le drapeau des Etats de l'Union américaine ne peut enthousiasmer les cœurs, car c'est une illusion ». (*op cit.*, p. 43). Voilà pourquoi Simon Bolivar met Alexandre Pétion au-dessus de Georges Washington !

En ce temps-là, la renommée d'Alexandre Pétion, traversant les mers, était devenue mondiale. Dans les plus petites contrées de l'univers, la belle figure démocratique et philantropique du plus grand des Haïtiens était connue et admirée. C'est ainsi qu'en 1821, les Grecs, combattant pour leur indépendance avec l'aide des esprits généreux de l'Europe et le concours enflammé du grand poète anglais, Lord Byron, s'adressèrent au successeur de Pétion, le Président Jean-Pierre Boyer, pour avoir le concours d'Haïti en armes, munitions, argent et en hommes. Cette démarche fut faite de la part des Grecs résidant à Paris dans une lettre signée par quatre d'entre eux : A. Coray, un savant illustre, A. Vogoridy, C. Polychroniades et Ch. Clonares, et transmise au Président Boyer par le célèbre abbé Grégoire, ancien évêque de Blois. C'était, assurément, l'effet miraculeux du généreux concours donné par Pétion à Bolivar.

Malheureusement, le même concours ne fut pas possible, eu égard à la situation intérieure du pays, à la veille de la réunion de la partie de l'Est, évènement extraordinaire qui exigeait une grande concentration de troupes et de très fortes dépenses, eu égard aussi à la grande distance, 2.500 lieues, qui nous sépare de la Grèce. Cependant, le Président Boyer, ayant envoyé un cadeau de 25.000 livres de beau café d'Haïti cultivé et récolté par les mains d'hommes *libres* à l'abbé Grégoire, celui-ci n'en conserva que deux livres qui furent bues par quelques amis de la race noire, une partie fut employée à la publication d'ouvrages de morale religieuse destinés spécialement aux écoles d'Haïti, rédigés par le célèbre religieux ; le reste, quelques milliers de francs, fut envoyé à la révolution grecque. Voilà comment, par l'intermédiaire de l'abbé Grégoire, Haïti, grâce à la grande renommée de Pétion, contribua tant soit peu à l'indépendance de la Grèce.

Seule, à cette époque, la république d'Alexandre Pétion a dominé le monde par la conformité de sa conduite aux principes immortels et sacrés qui ennoblissent l'humanité. Seule, à cette époque, la république de Pétion se détache comme le joyau le plus pur et le plus brillant de l'univers au point de vue politique et social. Et Simon Bolivar traduisait non seulement ses propres sentiments, mais aussi le sentiment et le jugement de toutes les races d'hommes qui vivaient à cette époque sur la terre, quand il écrivait avec une conviction sûre qu'*Alexandre Pétion était au-dessus de son pays et de son époque*...

Ce n'est pas une parole proférée à la légère, c'est une pensée écrite dans le calme de la réflexion, dans la sérénité impartiale de la méditation d'un homme de génie, le génie qui a créé la liberté de tout un continent, de toute l'Amérique du Sud. Les paroles s'en vont, mais les écrits restent... Bolivar avait buriné d'une manière ineffaçable l'une des pages les plus brillantes et les plus sentimentales de l'histoire universelle !

Cette réflexion profonde de Bolivar était basée sur des preuves d'une véracité éclatante : 1° la mise en pratique de la Constitution de 1806 révisée en 1816 et imitée des Déclarations françaises des Droits de l'Homme et du Citoyen et des Constitutions réactionnaires issues de la Révolution française. La Constitution de Pétion amplifia l'élévation morale, politique et sociale de ces grands modèles et les surpassa par l'idée de la réhabilitation de la race noire, en ouvrant les portes d'Haïti à tous les membres de cette race avilie par l'esclavage dans le monde entier. Les Indiens traqués par les Nord-Américains et par les Espagnols dans l'Amérique du Sud bénéficièrent aussi de cette généreuse législation.

Pour Pétion qui était bien pénétré de son esprit, la république avait sa vraie signification, la *Respublica*, la chose publique, le bien de tous. La République de Pétion, c'est la maison accueillante et fraternelle qui doit abriter également tous les Haïtiens, ne fermant sa porte qu'aux ingrats, aux ennemis intérieurs qui vont chercher leur mot d'ordre à l'étranger, chez nos ennemis du dehors. Passionnément démocrate, Petion était généralement avide de l'amélioration de la race noire et d'Haïti dans l'Ordre, le Droit, la Charité, la Justice, la Légalité et la Fraternité.

Le système démocratique fondé en 1806 par Pétion et continué par Boyer avait pour fondement la Liberté et cadrait bien avec la formation historique et les aspirations sociales du peuple haïtien qui venait de briser les fers de l'esclavage et qui avait déclaré au monde entier, sous la foi d'un serment solennel, qu'il entendait *vivre libre ou mourir*.

Le système démocratique de Pétion est le seul cadre qui pouvait convenir à la jeune nationalité haïtienne qui avait besoin de bonté et de douceur pour évoluer normalement. Le système démocratique de Pétion, c'était l'application pratique sur la terre d'Haïti de cette admirable doctrine chrétienne révélée au monde par Jésus. Sans faire de profanation, on peut dire qu'Alexandre Pétion, c'était Jésus-Christ sur la terre d'Haïti. C'est Pétion qui fit insérer dans sa Constitution de 1806 son article 16 reproduisant la maxime de Jésus, article ainsi conçu : « Tous les devoirs de l'homme et du citoyen dérivent de ces deux principes gravés par la nature dans les cœurs : « Ne faites pas à autrui ce que vous ne voudriez pas qu'on vous « fît. — « Faites constamment aux autres tout le bien que « vous voudriez en recevoir. »

Voilà donc devenue un commandement constitutionnel la plus belle parole de Jésus, qui résume toute la morale humaine. Quand la Constitution de 1806 fut révisée en 1816, la nouvelle Constitution conserva cette même maxime de Jésus dans son article 20. Cet article, où l'essence de la doctrine du Christ a été rappelée, fait honneur à Pétion, et cet honneur rejaillit sur le peuple haïtien que Pétion a trouvé digne de lui appliquer.

Pétion avait raison, étant donné les conditions glorieuses qui ont présidé à la naissance de la nation haïtienne dont la devise est : « *Liberté ou la Mort* ». Pétion n'avait pas trop présumé des forces morales du peuple haïtien En effet, l'Histoire dHaïti prouve que le peuple haïtien a toujours su faire un bon usage de la Liberté, chaque fois que ses chefs lui ont donné cette liberté sans les réticences qui la paralysent ; et cela malgré son ignorance littéraire, parce que ce peuple, né dans les entrailles de la Liberté possède l'instinct de la Liberté.

C'est en conformité de cette prescription de Jésus-Christ devenue un article de la Constitution de 1806, que le Président Pétion plaça pendant quelque temps deux chrétiens de la communion des Quakers, au péristyle du Palais National, et les autorisa à annoncer les sublimes vérités de la parole de Dieu à l'Armée haïtienne. Officiers et soldats étaient tenus d'assister à ces sermons, afin de comprendre et d'apprécier les bienfaits moraux et sociaux de l'Evangile du Christ.

Pour Pétion, la Constitution qu'il avait inspirée n'était pas un vain mot. Chaque article de sa Constitution formait une règle de sa vie pratique, c'était un commandement intérieur auquel il obéissait et qu'il exécutait à la lettre. Ses meilleurs amis ne l'ont pas compris, c'est pourquoi Bolivar a pu dire que Pétion avait tout à vaincre, ennemis ou amis, étrangers et nationaux, mais les résultats de sa politique si moralement élevée le justifient d'une façon absolue. Bolivar a parlé en connaissance de cause. La grande expérience politique de Pétion servit de modèle à Bolivar qui prit pour guide la Constitution haïtienne de 1816 dans la rédaction des Constitutions à l'usage de tous les Etats qu'il libérait.

2° La réalisation de la plus belle œuvre agraire qui existe au monde. Pétion inaugura sa distribution démocratique des terres du domaine de l'Etat dès l'année 1807 et la poursuivit jusqu'à sa mort survenue en 1818. Au moment du séjour de Bolivar en Haïti, l'œuvre était dans toute sa splendeur. Tous les méritants eurent leur part. Pétion n'oublia personne : militaires, fonctionnaires, juges et même les officiers de santé qui prodiguaient des soins aux blessés et aux malades, enfin les employés les plus infimes de l'ordre judiciaire. *Cette mesure*, nous dit le pasteur protestant Bird qui a passé toute sa vie en Haïti, *est sans contredit la plus grande qui ait jamais été effectuée en Haïti*.

Par sa belle œuvre agraire, Pétion s'écriait : « *Le plus de propriété possible, au plus grand nombre possible... Tous bourgeois*, à tous la dignité et la sécurité de la vie, les laborieux loisirs qu'assure la possession d'un bien propre, d'une terre, d'une maison, d'un patrimoine, enfin qui fixe la famille, la multiplie et enracine au cœur l'amour de la patrie. » Cette belle œuvre agraire a fusionné les cœurs et a engendré chez les Haïtiens, l'épargne qui est l'agent générateur de la production, la source de la prospérité, l'expression sensible des vertus de prévoyance, la mère de la civilisation.

L'œuvre de Pétion est toute dans la Liberté et la Propriété, d'accord avec l'immortelle Déclaration française de 1793 qui proclame elle-même, en son article 16 « que toute société dans laquelle la garantie de ces droits n'est pas assurée, n'a point de constitutions. »

On peut dire que c'est l'esprit de Pétion qui nons a permis de résister victorieusement à l'Occupation américaine et empêché jusqu'à présent notre absorption, notre déliquescence finale. C'est l'esprit de Pétion qui réalisera un jour ou l'autre une trève de l'union nationale, un Locarno intérieur.

Cette œuvre agraire si généreuse a créé l'unité haïtienne par le sentiment de la propriété qui est si profond chez le paysan. La terre est devenue le point de ralliement et la base d'accord implicite, malgré toutes les divisions qui ont miné ce pays. Dès qu'il s'agit de la terre, toutes les rivalités de doctrine et de clan disparaissent. En effet, la possession de la terre par l'Haïtien est une tradition nationale de par nos origines mêmes et surtout depuis Pétion. Toutes les vagues révolutionnaires sont venues se briser contre ce dogme. Il a fallu l'Occupation Américaine qui a désaxé notre vie nationale, pour émietter ce point fondamental qui était aussi un instinct de préservation collective et de défense nationale.

L'œuvre agraire de Pétion surpasse même la réforme agraire de la Révolution française, parce que Pétion fit une distribution de terres *entièrement gratuite*, tandis que les Révolutionnaires français organisèrent simplement *l'aliénation des biens nationaux*. Pétion fut donc plus large, plus libéral envers le peuple haïtien que les grands révolutionnaires français ne le furent envers le peuple français ; il a devancé de près d'un siècle les plus grands hommes d'Etat de l'Ancien et du Nouveau Monde. On sait que c'est la grande guerre de 1914-1918 qui a imposé d'une façon définitive la solution démocratique de la question agraire dans la législation de tous les peuples civilisés, tant européens qu'américains Bolivar disait donc vrai en écrivant que Pétion était au dessus de son pays et de son époque.

3° Quant à l'esprit de bienfaisance de Pétion, dont témoigne Bolivar, c'est un fait historique d'une exactitude absolue. Pétion ne fit verser de larmes qu'à sa mort, et le peuple haïtien l'aimait comme on aime un bon père. La bonté du Président Pétion est proverbiale en Haïti. A sa mort, les enfants baisaient le corps de Pétion, sur les ordres de leurs parents,afin de recevoir une dernière bénédiction de cet homme qui fut si bon et si grand, *la gloire la plus pure de la race noire.* Bolivar avait donc raison de dire que Pétion possédait une faculté, la bienfaisance, c'est-à-dire la générosité, la charité, qui est au-dessus de tous les empires.

Enfin, disons que l'esprit de Pétion a toujours été l'inspiration bienfaisante qui a préservé notre pays de bien des malheurs. C'est l'esprit de Pétion qui forme la vraie grandeur de la nation haïtienne. Chaque fois que nous avons fait quelque chose de beau, de grand, de noble et de sérieux, au cours de notre histoire, c'est l'esprit de Pétion qui nous a animés. C'est l'esprit de Pétion qui doit être le phare incomparable qui illumine la route accidentée de notre évolution morale, politique et sociale.

Quel témoignage éloquent que le cri du cœur de Simon Bolivar guidant l'impartiale Histoire ! C'est la Vérité même qui a parlé...

Aussi les deux belles figures d'Alexandre Pétion et de Simon Bolivar sont inséparables dans l'Histoire, dans l'Espace et dans le Temps. Ce sont deux noms immortels qu'on ne peut pas évoquer séparément. On ne peut penser à l'un sans penser en même temps à l'autre. Ce sont les deux frères jumeaux de l'impartiale Histoire.

Certains historiens, qui ne le sont pas réellement, car l'Histoire est la conscience du genre humain — certains historiens auront beau faire, qu'ils ne réussiront pas à séparer ce que Dieu lui-même, dans sa grande et lumineuse bonté pour la race noire, a uni par la plus heureuse des fatalités : ALEXANDRE PÉTION SIMON BOLIVAR.

Ce fut, en effet, une fatalité providentielle : Bolivar ne se décida à venir en Haïti, — grâce à la renommée mondiale de Pétion — qu'après avoir été réduit à la dernière extrémité du désespoir. Ouvrant ses grands yeux fous d'épouvante et de cruelle affliction sur la carte du monde, cherchant un abri sûr pour pouvoir renaître à l'espérance, Bolivar fit un peu partout des appels réitérés mais vains, toute assistance lui fut absolument déniée de partout, toutes les portes lui étaient sévèrement et brutalement fermées, personne ne voulant se compromettre dans une entreprise aussi téméraire. A ce moment de faillite complète, après avoir frappé en vain à toutes les portes closes, et n'ayant pu rien trouver ailleurs, Bolivar pensa à la république de Pétion, et à tout hasard vint débarquer aux Cayes, en Haïti. Ce que fut la grandiose réception, pleine de cordiale sympathie, de dévouement fraternel et d'aide matérielle. faite en deux fois au cours de l'année 1816, à Bolivar, nous l'avons déjà longuement exposé. La liberté de l'Amérique du Sud avait trouvé son dernier refuge et son seul salut dans le cœur d'Alexandre Pétion.

Cependant, tous les hommes qui n'ont pas de parti-pris, à quelque race qu'ils appartiennent, ne peuvent pas constater sans tristesse le silence glacial fait autour du nom d'Alexandre Pétion, chaque fois qu'il est question de Simon Bolivar, que le monde entier élève dans une apothéose bien méritée.

Il est vrai que Bolivar lui-même avait oublié bien vite l'hospitalité efficace qu'il avait reçue de Pétion. Au Congrès de Panama qu'il réunit en 1821, pour former de tous les Etats indépendants du Nouveau-Monde une amphictyonie, il n'invita pas Haïti qui fut ainsi entièrement écartée. Bolivar sacrifia aux exigences des députés de l'Union américaine qui refusèrent de siéger auprès des députés noirs et jaunes de notre pays (1). Quel que soit le motif de sa conduite, Haïti stigmatise cette défaillance morale de Bolivar, qui ne se rappelait plus sa lettre d'adieu du 4 décembre 1816, au général Marion au moment où il laissait Port-au-Prince et où il disait si fermement : « *Si les bienfaits attachent les hommes, croyez, général, que moi et mes compagnons aimerons toujours le peuple haïtien et les dignes chefs qui le rendent heureux* ».

C'est l'éternelle faiblesse humaine ! Bolivar sacrifia Haïti au préjugé de couleur, quand justement Pétion venait de lui faire un si chaleureux accueil afin de contribuer au relèvement moral et international de la race noire. Cette attitude équivoque de Bolivar provoqua naturellement une émotion considérable parmi les Haïtiens de l'époque, et cette émotion est encore douloureuse pour nous aujour-

---

(1) Dans son remarquable livre : *Un siècle de Diplomatie américaine*, p. 453, le diplomate écrivain bien connu, M. John W. Foster s'exprime ainsi un peu timidement à propos du Congrès de Panama : « Les débats furent très *acrimonieux* au Congrès des Etats-Unis et envisageaient principalement la répercussion à l'intérieur, et les opposants votèrent presqu'unanimement contre la mission. Les deux motifs sérieux de l'opposition étaient : d'abord l'objection contre toute alliance surtout armée avec aucune autre nation ; ensuite, la reconnaissance de la République nègre d'Haïti qui ouvrirait la question de l'esclavage ».

d'hui, bien que ce fût un congrès insignifiant que celui de Panama de 1821.

A cette époque, l'Indépendance d'Haïti n'était encore reconnue par aucune puissance du monde, mais cela n'empêcha pas le gouvernement américain de produire une réclamation d'argent pour un citoyen américain auprès du Président Boyer, qu'il appelle Son Excellence. Le Président Boyer nomma une commission qui réduisit la réclamation à sa juste valeur et paya. Notre grand historien, B. Ardouin, reproduit intégralement la quittance dans ses *Etudes sur l'Histoire d'Haïti*, t. 9, p. 98-100, et fait la réflexion suivante : « Avec un gouvernement tel que celui des Etats-Unis, ayant de tels citoyens, un pays comme Haïti doit conserver dans ses archives diverses les preuves de sa libération, *en fait d'argent*, sous toutes les formes possibles. Convaincu de cette nécessité, Boyer fit publier à ce sujet une petite brochure, en janvier 1822 ».

L'émotion douloureuse provoquée par l'attitude équivoque de Bolivar était encore aiguë, quand, de partout, le bruit se répandait que le gouvernement français se préparait à lancer une grande offensive contre notre Indépendance que les anciens colons voulaient anéantir d'une façon ou d'une autre, malgré la victoire éclatante de nos armes consacrée le 1er janvier 1804. Nous sommes alors en 1824. Haïti, grâce à l'administration savante du Président Boyer, est dans une situation stable et prospère, dépassant le niveau général des anciennes colonies espagnoles devenues libres, surtout depuis le beau concours donné par Pétion à Bolivar. La France et l'Angleterre reconnaissent ces nouvelles nations et s'abstiennent à l'égard d'Haïti. Le Président Boyer fit, le 6 janvier 1824, une proclamation au peuple et à l'armée qui est une sorte de *manifeste* envers les puissances étrangères, il prescrit des mesures de défense générale pour l'éventualité d'une agression, il s'étonne de l'abstention internationale envers notre pays, et faisant peut-être allusion à la triste conduite de Bolivar envers Haïti, il finit sa proclamation par cette réflexion empreinte de scepticisme et de fermeté : « *Enfin, l'expérience nous éclaire, nous ne devons compter que sur notre énergie.* Mais, en nous plaignant de *l'injustice* exercée envers nous, en prenant des précautions pour l'avenir, nous persévérerons toujours dans nos principes de loyauté... »

Tout le peuple haïtien fut sur pied et se prépara à résister vigoureusement. Le Président Boyer remplit les arsenaux d'armes et de munitions, la plupart des familles envoyèrent en dépôt à l'intérieur, dans les montagnes surtout, du linge, du savon, des salaisons, des médicaments etc. Cependant, le Président Boyer pensait que la France n'était pas tout à fait en mesure d'organiser une expédition militaire et navale de grande envergure, mais ce fut une manœuvre habile qui devint comme un défi jeté à la France et à l'Angleterre, pour rappeler à ces deux grandes monarchies coloniales leur *injustice envers Haïti*, qu'elles ne voulaient pas encore reconnaître comme Etat indépendant. Ce fut aussi une résolution admirable de la part du jeune peuple haïtien qui croyait son indépendance nationale menacée et qui s'apprêtait à la défendre jusqu'à extinction. Le Président Boyer faisait voir au monde entier que la nation haïtienne était décidée à tout, pour faire cesser *cette grande injustice internationale* qui pesait lourdement sur ses destinées. Si vis pacem, para bellum...

Ce fut donc une surexcitation nationale générale, résultat : 1° de l'exclusion d'Haïti au Congrès de Panama, 2° de l'attitude intransigeante des grandes puissances coloniales européennes et de la nouvelle Union américaine. Pour dégager cette atmosphère internationale chargée de gros nuages noirs qui nous enveloppaient, le Président Boyer fit une nouvelle manœuvre, celle-ci diplomatique. Après la manœuvre intérieure, la manœuvre extérieure. Mais à qui s'adresser ?

Pour mettre à l'épreuve les sentiments qui devaient découler naturellement de l'attitude généreuse de Pétion qui avait donné la liberté à plusieurs pays de l'Amérique du Sud, maintenant officiellement reconnus, ne voulant pas avoir l'air de prendre au tragique la conduite tenue envers Haïti par Bolivar qui venait de nous exclure du Congrès de Panama, le Président Boyer crut devoir faire une démarche ostensible auprès du gouvernement de la Colombie pour lui proposer « une alliance purement défensive » avec celui de la République d'Haïti. Cette proposition était fondée sur ce qu'Haïti croyait son indépendance menacée par la France.

Le Président Boyer, se souvenant de l'incident du Congrès de Panama, ne se faisait pas beaucoup d'illusion sur le résultat de cette démarche diplomatique, puisque, prévoyant un refus, il eut la pensée malheureuse de réclamer le montant intégral de la valeur de tout ce qui avait été fourni à Bolivar en 1816, il y avait huit ans, pour lui donner les moyens de reconquérir sa patrie sur les Espagnols.

A cette époque, Bolivar se trouvait au Pérou, et le général Santander, vice-président, dirigeait la république de Colombie. L'envoyé haïtien fut accueilli avec beaucoup d'égards, mais le gouvernement colombien déclina la proposition de l'alliance, par la raison, disait-il, que les traités faits avec d'autres Etats s'y opposaient. C'était une raison futile, une façon de refuser poliment. En conséquence, la réclamation très légère fut présentée, elle fut payée. En elle-même, cette réclamation était plutôt une manœuvre employée par Boyer pour essayer de vaincre la résistance morale du gouvernement colombien, circonvenu par l'Angleterre et l'Union américaine. Il se pourrait bien aussi que le refus du gouvernement colombien fut en grande partie dû à l'opposition formidable que Bolivar avait rencontré de la part des grands propriétaires surtout pour mettre à exécution la promesse formelle faite à Pétion de libérer tous les esclaves des pays qu'il délivrerait de la tyrannie espagnole.

Il semble aussi que le gouvernement de Colombie présidé à cette époque par Bolivar ait eu du ressentiment contre le Président Boyer qui, par son habileté politique et par son énergie, avait amené les Dominicains dans le giron de la République d'Haïti, — réalisant ainsi l'unité politique de l'île. Ce fut une belle œuvre qui répandit une gloire enviable sur la personne du Président Boyer et lui donna un grand prestige international, puisque, avant lui, ni le gouvernement français, ni Toussaint Louverture n'avaient jamais pu l'accomplir d'une manière aussi heureuse. Cette belle œuvre a bien duré vingt-et-un ans, près d'un quart de siècle, et est un beau témoignage du génie haïtien. A cette époque — 1822 — le gouvernement de Colombie avait fait beaucoup de manœuvres politiques pour rallier les Dominicains dans le sein de la Colombie, à cause de leur origine semi-espagnole. Mais le génie politique du Président Boyer avait triomphé de tous ces obstacles : d'où probablement un peu de dépit chez Bolivar qui avait été sensible à cet échec qu'il n'avait pas prévu.

En cette circonstance, le Président Boyer eut tort de recourir à cette extrêmité diplomatique, il aurait dû plutôt persister à rester dans les termes de sa proclamation au peuple et à l'armée, où il disait si bien que « *nous ne devons compter que sur notre énergie* ». Cette manœuvre diplomatique a été critiquée en Haïti, même du temps de Boyer. On prétendit que c'était enlever à la mémoire de Pétion le mérite qu'il avait eu en secourant Bolivar et ses compagnons dans le refuge qu'ils vinrent chercher en Haïti.

C'est une grossière erreur. Le concours généreux que Pétion avait donné si franchement à Bolivar a aussi un caractère moral élevé que rien au monde ne peut effacer, quoi qu'il pût arriver dans la suite. Cet élément moral domine même le côté matériel. Un acte aussi noble reste, en dépit de tout, surtout quand il a contribué à fonder la liberté de plusieurs nations. Même dans les relations privées, notre conscience nous commande impérieusement de vouer une reconnaissance éternelle à l'ami qui nous a sauvé au moment d'une grande détresse, même si nous remettons ce qui nous avait servi. La générosité a un caractère moral ineffaçable en soi. Ici, cet élément moral est rehaussé par les Haïtiens qui ont combattu aux côtés de Bolivar Voilà un élément moral qui est incalculable ! D'autant plus incalculacle que Pétion, comme l'a fort bien fait ressortir le grand historien B. Ardouin déjà cité, prêta encore à Bolivar le concours de son autorité officielle et morale pour faire cesser cette malheureuse division qui s'était établie entre lui et le général Bermudès et le commodore Aury qui allaient se séparer de leur chef. Pétion écrivit au général Marion sa belle lettre du 25 février 1816 dont voici la teneur :

« Sur ce que j'ai appris, mon cher général, qu'il s'établissait aux Cayes des *divisions qui pourraient devenir funestes à la cause de* la liberté, par ceux des réfugiés étrangers qui se disent, les uns pour la Nouvelle-Grenade, et les autres pour le Mexique, *j'ai résolu d'y interposer mon autorité, afin de faire finir ces sortes de divisions qui*, en montrant un exemple dangereux au peuple de la république, *peuvent être le résultat des machinations des ennemis cachés de l'indépendance du Nouveau-Monde*. Et comme en tout état de cause, un gouvernement protecteur de l'humanité, juste, équitable et *père du peuple qu'il régit*, doit faire ce qu'il convient pour la future prospérité et protection de ceux qui vivent à l'ombre de son système établi, j'ai résolu que, jusqu'à nouvel ordre, il ne serait point reconnu aucune autorité dite mexicaine ou du Mexique parmi nous, que vous ne permettrez, sous aucun prétexte dans l'étendue de votre commandement, à aucun bâtiment d'arborer le pavillon dit *du Mexique*, et que vous ne permettrez plus non plus qu'aucune expédition se fasse pour le Mexique, révoquant à cet égard tous ordres contraires à ce que je vous prescris par la présente.

« Et comme le général Bolivar et M. Marimon sont légalement reconnus pour des autorités de la Nouvelle-Grenade, et qu'il doit convenir à la République que cela soit ainsi, vous remettrez en leurs mains tous les papiers des bâtiments de Carthagène qui sont déposés entre les vôtres. Vous ferez appeler les capitaines et armateurs de ces bâtiments, et vous leur notifierez de vive voix que le gouvernement ne reconnaît point d'autres autorités que M. Marimon et le général Bolivar dans les mains desquels les papiers de leurs bâtiments ont été remis, et que ceux des bâtiments qui ne suivront pas ces deux messieurs ne sortiront pas du port des Cayes, sous n'importe quel pavillon ; *et dans le fait vous vous opposerez par tous les moyens en votre pouvoir à ce que tous les bâtiments qui ne suivront pas l'expédition du général Bolivar sortent des Cayes jusqu'à de nouveaux ordres de ma part*.

« Je me réfère à ma lettre d'ordre relative à l'affaire de la *Constitution* ; les dépenses de ce bâtiment estimées par des arbitres, *le gouvernement répondant du montant de l'estimation, le bâtiment, bon gré, mal gré, sera mis à la disposition de M. Marimon et du général Bolivar*. Prévenez le général Bolivar de toutes ces dispositions, et dites-lui de ma part de ne pas perdre un moment de temps, car il pourrait arriver d'Europe des bâtiments et des secours qui le contrarieraient beaucoup. Dites-lui de ne plus perdre du temps, et lisez-lui ma lettre ».

Le Général Marion remplit les vues de Pétion avec intelligence et un véritable dévouement à la cause des Indépendants : il les réconcilia. Comme cette querelle entre Bolivar, Bermudes et Aury avait pour origine des réparations faites par Aury à l'un des navires de son escadre, appelé *la Constitution*, et d'autres avances faites à Bolivar, le Président Pétion d'accord avec la promesse formelle faite dans sa lettre du 25 février 1816, ordonna de compter au commodore Aury la somme de deux milles piastres du Trésor pour l'en indemniser.

Pétion reconnaissant pleinement la grandeur de l'œuvre gigantesque entreprise par Bolivar, comprit que ce désaccord allait anéantir l'idée magnifique incarnée par le grand Libérateur de l'Amérique du Sud. S'il ne s'était pas interposé, c'était la faillite de l'œuvre et Bolivar eût été obligé d'entrer dans une nouvelle phase, mortelle cette fois, d'inaction forcée comme à la Jamaïque d'où il revenait. Pétion fit la réconciliation matérielle et morale qui liquidait tout et sans laquelle tout était perdu pour Bolivar. Désormais, Bolivar est libéré envers ses collaborateurs et pouvait entreprendre avec assurance et autorité sa belle œuvre de libération.

Un exemple actuel me fera mieux comprendre. Voyez donc l'âpreté avec laquelle le gouvernement américain poursuit le recouvrement des dettes de guerre des nations autour desquelles il s'est rangé dans la grande bataille libératrice de 1914-1918. Il faut avoir lu toutes ces tractations pénibles et embarrassantes pour s'en faire une juste idée. On dirait même que le seul lien qui existe depuis la grande guerre, entre l'Europe et les Etats-Unis, ce sont ces dettes maudites. Et cependant tous les Français sensés reconnaissent volontiers les services extraordinaires que les Américains ont rendus à la cause des Alliés, au moment le plus périlleux de la gigantesque mêlée, et qui ont permis plus rapidement la victoire finale. Le malentendu existe toujours, mais la soudure se fait graduellement par ces grands Français qui comprennent les devoirs de leur pays.

Le Président Boyer a eu tort, mais il a une excuse qui atténue sa faute. Cette excuse se trouve dans l'irritation générale des esprits aigris par l'attitude malheureuse de Bolivar qui avait écarté Haïti du Congrès de Panama de 1821, rien que pour plaire au gouvernement américain qui considérait comme une dégradation de voir ses délégués blancs s'asseoir à côté de ministres que le fils d'une négresse africaine y eût envoyés. Il y a aussi que Bolivar n'avait pas été fidèle jusqu'au bout, à la promesse faite à Pétion de déclarer la liberté générale de tous les esclaves des pays qu'il émancipait. Bolivar avait transigé avec l'opposition des grands propriétaires. Ce qui contribua encore à irriter les Haïtiens de cette époque, puisque nous sommes tous issus de la race noire. Jusqu'à présent, beaucoup d'Haïtiens ne pardonnent pas cette défection à Bolivar. La réclamation de Boyer n'était donc qu'une réplique, un peu trop dure cependant, à notre exclusion du Congrès de Panama. Rien de plus. Boyer a été simplement l'exécuteur d'un réflexe national instinctif un peu brusque, mais bien compréhensible. Mais l'acte généreux de Pétion qui a fondé la liberté de plusieurs pays de l'Amérique du Sud, reste intact, immaculé, éclatant de gloire.

Les relations internationales ne sont jamais exemptes de ces malentendus qui creusent des fossés dans la solidarité des peuples. Il appartient aux hommes de bonne volonté de combler ces fossés et de faire la soudure des amitiés franches et durables. Il faut le dire à l'honneur du peuple vénézuélien : il a fait les premiers pas envers Haïti en réparant pompeusement l'erreur de Bolivar, par l'édification d'une magnifique statue de Pétion qui orne l'une des plus belles places publiques de Caracas, portant aussi le nom du plus grand des Haïtiens. Ce fut, en 1911, une imposante manifestation internationale où Pétion fut glorifié ; ce fut aussi l'apothéose de Bolivar, de Pétion et d'Haïti.

La nation vénézuélienne donnait par là au monde entier la preuve incontestable de sa noblesse morale et du caractère inaltérable de son indéfectible amour pour Pétion et Haïti. C'est une des plus belles pages de l'histoire du Vénézuéla, qui se confond avec l'une des plus belles pages de l'Histoire d'Haïti. Par ainsi, le peuple vénézuélien a su bien apprécier non seulement le concours matériel, mais aussi le concours moral donné par Pétion qui, par la haute intervention de son autorité personnelle, a pu empêcher la dislocation définitive de l'expédition de Bolivar qui se trouvait à un certain moment, dans un désaccord insoluble avec ses principaux officiers et collaborateurs. Le peuple vénézuélien n'a pas oublié non plus qu'il y eut quelques Haïtiens qui, avec la permission de Pétion, avaient suivi Bolivar et versé leur sang, comme leur vie pour la libération de l'Amérique du Sud.

Le peuple haïtien ne peut pas être en reste de courtoisie avec le peuple vénézuélien. Il y a une gentilhommerie internationale, comme il y a une gentilhommerie privée. De même que le peuple vénézuélien a réparé la faute de Bolivar, le peuple haïtien doit effacer l'erreur de Boyer. Nous n'avons qu'à suivre l'exemple du peuple vénézuélien qui a fait les premiers pas vers nous. Voilà pourquoi j'ai pensé qu'il fallait ériger deux statues doubles : l'une aux Cayes représentant le général Marion acccueillant Bolivar, l'autre au Port-au-Prince montrant le magnanime Pétion ouvrant ses bras pleins de tendresse à Bolivar. Voilà pourquoi j'ai fondé le « *Comité Alexandre Pétion-Simon Bolivar* », au succès duquel j'ai voué toute ma vie.

Je pense qu'il faut aller au plus vite dans cette œuvre d'apaisement. Ce sera aussi pour Haïti l'occasion de faire une belle manifestation de solidarité internationale et d'union latine en réponse du beau geste du Vénézuela, geste qui ne restera pas sans écho dans l'âme nationale haïtienne.

Je serais heureux d'être l'artisan de l'union indissoluble du peuple vénézuélien et du peuple haïtien que Pétion et Bolivar ont faits frères. Humblement, je demande au peuple haïtien d'agir envers la mémoire de Bolivar, comme Pétion l'eût fait lui-même s'il était vivant, comme ce grand chrétien a fait, un dimanche des Rameaux, sur l'autel de la Patrie de la ville des Cayes, en 1812, après la pacification de la Scission du Sud, quand il a fait allumer un brasier où il a brûlé toutes les archives de cette malheureuse affaire, en pardonnant à tous ses plus cruels ennemis, au nom de la Patrie haïtienne divisée par des querelles néfastes. Oui, je demande au peuple haïtien d'incarner en lui l'esprit de Pétion et de faire le geste de Jésus-Christ, c'est-à-dire de pardonner et d'oublier. Ce pardon et cet oubli auront la valeur du geste magnanime accompli par Pétion envers Bolivar, en deux fois, au cours de l'année mémorable de 1816.

Ce geste de pardon et d'oubli, nous devons le faire aussi envers les quatre autres républiques qui appellent Bolivar le Père de la Patrie. Habituons-nous à ne voir en Bolivar que le génie qui, soutenu par Alexandre Pétion, est devenu le Libérateur de la moitié d'un continent et continue, par le souffle puissant de son Idéal toujours vivant, à animer des millions d'hommes.

Pour Haïti, une simple statue de Bolivar n'aurait pas une grande signification historique, comme pour tous les autres pays. Le peuple haïtien ne comprendrait pas Bolivar sans Pétion. Le peuple haïtien veut voir *Pétion et Bolivar indissolublement unis*. Oui, Pétion et Bolivar, c'est pour nous un symbole historique, un principe d'éducation nationale. Comme dans tous les autres pays latino-américains, nous voulons consacrer à Port-au-Prince et aux Cayes, Simon Bolivar, le génie de la Liberté latino-américaine, aux côtés d'Alexandre Pétion.

Que le monde entier sache que sans Alexandre Pétion, le plus grand de tous les Haïtiens, *la gloire la plus pure de la race noire*, la mémoire de Simon Bolivar n'aurait jamais pu recevoir d'apothéose, car il n'eût été qu'un vaincu, oublié de l'Histoire !

Aussi, dans toute apothéose faite à la mémoire de Simon Bolivar, il y a une belle âme invisible, qui plane sur les manifestations humaines émouvantes et qui sourit avec bienveillance, même quand on ne cite pas son nom, parce qu'elle sait que tout cela est l'œuvre de son inépuisable générosité — tout comme en 1816 elle n'eut pas la puérile vanité de laisser savoir et publier tout le bien qu'elle faisait!

Pétion aimait à faire le bien dans l'ombre et le silence ayant une profonde horreur de toute publicité : ce qui est la marque sûre d'une supériorité morale extraordinaire.

Oui, la belle âme d'Alexandre Pétion est inséparable de la belle âme de Simon Bolivar ! Qu'importe que son nom ne soit pas cité, Alexandre Pétion est toujours présent, vivant, quand il s'agit de Simon Bolivar.

Guidé donc par l'impartiale Histoire qui est la vraie justice, nous pouvons maintenant juger de l'apothéose de Simon Bolivar et de San Martin par l'inauguration, le 7 mai 1927, des Avenues de Simon Bolivar et Général San Martin, aux Buttes-Chaumont, à Paris, au cours de laquelle d'importants discours ont été prononcés dans lesquels il ne manquait qu'une chose essentielle, la vérité historique.

D'abord, le discours de M. Pierre Godin, Président du Conseil Municipal de Paris, qui dit que « Simon Bolivar, le Général San Martin et Jacques de Liniers, dans ces trois noms s'évoque toute la magnifique épopée de l'indépendance sud-américaine. »

Voilà une de ces erreurs historiques que Simon Bolivar lui-même a pris soin de démentir par anticipation dans sa belle lettre du 8 Février 1816 au Président Alexandre Pétion, lettre que nous avons déjà citée et où il laisse à la postérité, à l'Histoire impartiale et juste, un témoignage irréfutable, irréfragable de la philanthropie démocratique de l'illustre Président d'Haïti que dans sa conscience il nomme *l'auteur de la Liberté de l'Amérique du Sud*. Encore un autre témoignage qui crève les yeux de l'Histoire : la statue d'Alexandre Pétion se trouve sur la principale place publique de Caracas, capitale du Vénézuéla. N'est-ce pas la preuve d'une évidence inéluctable !

Le Président du Conseil Municipal de Paris, se réjouit de ce que « la cérémonie de ce jour lui ait permis d'associer, une fois de plus, Paris au culte que rendent aux héros nationaux de l'Amérique du Sud, sur toutes les terres et sous tous les cieux, tous les hommes épris de justice, de paix, et de fraternité ».

On ne saurait certes mieux dire. Et ce que l'histoire ne cessera de répéter, c'est que la terre et le ciel d'Haïti sont les premiers qui aient accueilli le plus grand héros national de l'Amérique du Sud, Simon Bolivar, dans la personne de cet homme épris de liberté et de justice, de paix, d'amour et de fraternité qu'était Alexandre Pétion. Aussi Haïti attend le geste loyal de la Ville de Paris qui sait bien que le souvenir de Simon Bolivar est inséparable de la belle et pure âme d'Alexandre Pétion. Si l'hospitalité de la France est ouverte à toutes les gloires, Paris ne manquera certes pas de faire le même geste symbolique envers la mémoire d'Alexandre Pétion. La France donnerait alors le plus bel exemple de mansuétude internationale en appliquant le mot de Jésus : « Paix sur la terre aux hommes de bonne volonté », pour en faire un article du Droit International universel.

Le discours de M. Paul Bouju, Préfet de la Seine, contient les mêmes inexactitudes historiques. Il n'est pas vrai qu'il y ait seulement deux plus grands noms dont se réclame la liberté sud-américaine : Bolivar et San Martin. Celui qui l'affirmerait sans réticence, commettrait un triple crime, d'abord contre l'Histoire, ensuite contre l'Humanité, enfin ce serait aussi un crime contre Simon Bolivar lui-même, qui, spontanément, dans un témoignage écrit, sa lettre du 8 février 1816, proclame *Alexandre Pétion l'auteur de la liberté sud-américaine.*

En effet, comme l'a écrit le fils du Général Marion qui a été le premier à accueillir Simou Bolivar dans la ville des Cayes, comme l'a écrit le Sénateur Marion aîné, Bolivar était dans la plus absolue détresse morale quand il s'est réfugié en Haïti pour demander du secours à Pétion, « *alors qu'ailleurs toute assistance lui fut absolument déniée* ». Même en France où il avait beaucoup de relations très solides pour y avoir étudié et vécu pendant quelque temps, comme tous les discours l'ont formellement rappelé à l'inauguration du 7 janvier 1927, même en France, Bolivar ne put obtenir le moindre concours moral ni matériel, malgré ses insistances anxieuses et réitérées.

Si la ville de Paris est vraiment heureuse de traduire le culte fervent de la noble France pour toutes les grandes œuvres de libération, elle se doit de penser à Alexandre Pétion. Que la Ville de Paris, obéissant à sa mission d'hommage public, d'enseignement et de souvenir, offre à la méditation de tous l'exemple de cet incomparable Haïtien qui a partagé les mêmes gloires, les mêmes amertumes, les mêmes souffrances que Simon Bolivar!

Alexandre Pétion, Bolivar, San Martin ! De quel reflet d'épopée et d'amour se colorent de pareilles existences, auxquelles la nature et l'histoire ont offert des champs qui déroutent l'imagination ! C'est la belle et radieuse trinité qui unit l'Afrique à l'Amérique ! N'oublions pas que dans la Rome antique, berceau de la latinité, le métissage afro-latin avait déjà produit ses effets. C'est une constatation ethnographique qui mérite d'être étudiée.

Parlant des quinze années de lutte de Simon Bolivar, le Préfet de la Seine, obéissant à la consigne du silence, reste muet sur le passage du Libérateur sud-américain en Haïti, où il eut cependant à séjourner plusieurs mois. Qui peut douter que ce soit la grosse renommée de philanthropie et de républicanisme démocratique d'Alexandre Pétion, qui avait attiré Bolivar sur la terre d'Haïti ? Il n'y a pas de doute non plus que ce soit la chaude sympathie d'Alexandre Pétion qui a permis à Simon Bolivar de mourir dans la gloire du triomphe final.

A l'heure où l'Amérique latine offre au monde le spectacle de son magnifique épanouissement, où ses vues, ses aspirations, son concours tiennent une place d'honneur dans les conseils du monde civilisé, la grandeur des quatre hommes — *Alexandre Pétion, Simon Bolivar, San Martin et Jacques de Liniers* — qui ont contribué à la faire ce qu'elle est, ces quatre grandeurs resplendissent d'un immortel éclat.

Ce n'est pas seulement la Ville de Paris qui doit cette place d'honneur et ce souvenir à Alexandre Pétion, ce sont aussi toutes les capitales des dix-neuf autres nations de l'Amérique Latine, qui doivent permettre à leurs citoyens de penser quelquefois au plus grand des Haïtiens dans le cadre régulier de leurs rues ou avenues. Le premier pas est déjà fait depuis seize ans par le Vénézuéla qui, de son propre gré et laissant parler son cœur plein de reconnaisance émue, a érigé une statue commémorative à Pétion sur l'une des places publiques de Caracas qui porte aussi le nom de Pétion, réparant ainsi avec une noble dignité la défaillance morale de Bolivar envers Haïti lors du Congrès de Panama en 1821.

Les quatre autres républiques sud-américaines qui, de concert avec le Vénézuela, appellent Bolivar le Père de la Patrie, rendraient aussi un hommage éclatant à la Vérité historique en réalisant dans chacune de leurs capitales, à Bogota, à Quito, à Sucre, à Lima et à Panama, comme à Caracas, le vœu formulé par le sénateur Marion aîné dans son petit livre écrit en 1849 sur l'*Expédition de Bolivar* : « Dans le Palais National de Santa-Fé de Bogota, Pétion ne devrait-il pas être élevé sur un piédestal portant ces mots de Bolivar : « *Vous êtes l'auteur de notre liberté.* » Alexandre Pétion est donc un peu le Père de cinq Patries sud-américaines.

Les quatorze autres républiques de l'Amérique Latine, dans leur culte fervent à Simon Bolivar, ne peuvent pas oublier celui qui fut le dernier refuge, le consolateur, l'inspirateur du grand Libérateur, et le sauveur de la Liberté sud-américaine. S'il est vrai que « seule la connaissance du passé peut nous indiquer les voies de l'avenir », toutes ces républiques n'ont qu'à se souvenir pour connaître leur devoir envers Haïti, envers Pétion.

A la sixième Conférence Panaméricaine de la Havane tenue le 16 janvier de cette année, le Président Calvin Coolidge a commis la même méprise, quand dans son discours d'ouverture il a parlé de Bolivar et de Washington, sans dire le moindre mot d'Alexandre Pétion dont le concours a seul fait de Bolivar un victorieux.

Qu'un Président du Conseil Municipal de Paris ou un Préfet de la Seine méconnaissent l'importance considérable de l'aide généreuse donnée par Pétion à Bolivar, cela se conçoit sans peine ! Qu'un Président nord-américain oublie l'histoire des petits peuples qui entourent sa grande

Cette gravure nous montre Pétion, encore jeune — il est arrivé à la première magistrature à peine âgé de 36 ans, — au début de sa Présidence, en costume militaire imité des costumes des dernières époques révolutionnaires françaises, à l'époque du Consulat. Cette photographie est aussi symbolique : le bonnet de la Liberté, les palmes et la branche d'olivier, au-dessus, sont des symboles qui caractérisent notre incomparable Citoyen, avec, au-dessous, l'inscription suggestive : *« Il n'a jamais fait couler de larmes de personne ».*

nation et commette la même méprise, cela ne peut pas surprendre, puisque tout le monde connaît la morgue yankee!

Mais que le Ministre des Relations extérieures de Cuba, le Docteur Rafael Martinez Ortiz, étale une telle méconnaissance des faits glorieux qui ont présidé à la naissance des cinq républiques qui appellent Bolivar le Père de la Patrie, cela surpasse l'imagination et démontre quelle négligence conditionne la préparation politique, historique et intellectuelle de la plupart des hommes d'Etat qui gouvernent les principaux pays de l'Amérique Latine.

Dans son discours adressé aux Délégués de toutes les nations de l'Amérique, le Docteur Ortiz fait allusion à Simon Bolivar, qu'il intitule le premier exécutant du concert fraternel et de la défense commune entre tous les Etats indépendants de l'Amérique (el primer adalid del concierto fraternal y de la comun defensa entre todos los estados independientes de America.)

C'est là une erreur historique facile à réfuter. Le premier geste de fraternité latine a été exécuté par Pétion qui, *seul au monde*, tendit une main fraternelle à Bolivar, *abandonné de tous*, comme les faits le démontrent.

Mais là où le Docteur Ortiz étale au grand jour sa méconnaissance des faits historiques, c'est quand il attribue à Bolivar l'idée généreuse de l'abolition de la traite des esclaves en ces termes : « La pensée de Bolivar avait plus d'amplitude, sa vision avait un horizon plus étendu. Il a surpassé son siècle, et son désir impérieux de réunir le Congrès de Panama doit toujours être rappelé dans ces réunions de peuples américains, qui conduisent leur évolution vers la même fin. La communication de don José Maria Salazar, Ministre de Colombie à Washington, le 2 novembre 1825, qui exprimait sûrement les points de vue du grand Libérateur, contient, entre autres, ces idées : « A Panama il a été offert aux Etats-Unis l'occasion la meilleure et la plus opportune pour fixer certains principes de Droit International dont la méconnaissance a causé beaucoup de préjudice à l'humanité». Et ensuite cette idée-ci : « L'examen des moyens qui doivent être adoptés pour l'abolition totale de la traite des esclaves africains est un problème sacré pour l'Humanité et intéresse la politiqqe des Etats américains ». Et bien que le souvenir de cette deuxième Déclaration ne cadre pas avec la solennité de ce jour elle est si généreuse et si élevée qu'elle méritait bien une mention».

Ces paroles du Dr. Ortiz constituent une falsification flagrante de l'Histoire juste, impartiale et imprescriptible. Simon Bolivar n'a eu cette idée généreuse et élevée de la liberté des esclaves africains, qu'après qu'elle fût *imposée* par Pétion comme la condition essentielle de l'aide morale et matérielle qu'il donnait pour la libération de la patrie de Bolivar. L'exposition historique de B. Ardouin et les lettres de Pétion et de Bolivar en fond foi et donnent le démenti le plus formel à la narration fantaisiste du Dr Ortiz. C'est Pétion qui fit comprendre à Bolivar que l'indépendance des colonies espagnoles devait nécessairement profiter *à tous les hommes* qui en formaient la population, et non pas comme avaient procédé les colonies anglaises de l'Amérique du Nord. Pétion mit donc, comme nous l'avons déjà dit, pour condition principale des secours qu'il allait lui donner que Bolivar fît la promesse solennelle, de proclamer « *la liberté générale de tous les esclaves* de la province de Vénézuéla *et de toutes les autres* qu'il réussirait à réunir sous les drapeaux de l'indépendance ».

Aussi Bolivar, dès son arrivée sur le théâtre des opérations s'empresse-t-il dans sa lettre du 27 juin 1816 datée du Quartier Général de Carupano, de faire savoir à Pétion par l'entremise du Général Marion qu'il a accompli sa promesse : « *J'ai proclamé la liberté absolue des esclaves* » dit Bolivar dans cette lettre. Ainsi donc, sans la généreuse inspiration dictée par Pétion à Bolivar, l'honorable Ministre des Relations extérieures de Cuba n'eût pas pu faire une si belle parade qui l'a servi à souhait.

Alexandre Pétion est effectivement — les faits sont là pour l'attester — une de ces créatures exceptionnelles qui honorent un pays et une époque, un de ces êtres privilégiés dont la vie irradie le Bien, et qui, par un miracle rare, continuent après leur mort à en engendrer, car il n'y a pas de doute que la nation haïtienne a pu durer et dure encore tant bien que mal, grâce à la belle œuvre démocratique et agraire de ce génial homme d'Etat.

Parce qu'Alexandre Pétion a vécu, pensé et agi, le peuple haïtien a connu moins de souffrances et a pu faire du bien à tout un continent. Il a fallu le succès de la guerre de l'Indépendance haïtienne que, *le premier*, il a inaugurée, pour que se soient manifestées dans toute leur ampleur les magnifiques puissances pour le Bien qui étaient latentes dans le noble cœur d'Alexandre Pétion, qui a pu ainsi accomplir des miracles de bonté, de solidarité et de fraternité, à un moment extrêmement critique où tout était à créer.

Pétion eut à livrer de vraies batailles morales : il y avait à triompher de l'imprévoyance de la classe éclairée qui voulait se substituer béatement aux privilégiés du régime colonial si odieux disparu dans le feu des revendications violentes, aussi bien que de l'inertie et de l'ignorance de cette intéressante masse noire sans le concours matériel de laquelle l'Indépendance n'aurait jamais pu se réaliser. Il y avait donc à vaincre l'indolence générale succédant brusquement à l'état de travail forcé à l'aide des traitements les plus horribles, aussi bien que l'indiscipline et l'irréflection des nouveaux libres, hier encore esclaves.

Après la malheureuse Scission du Sud dont il avait triomphé surtout par sa longanimité, Pétion, comme nous l'avons dit sommairement déjà, donna la preuve de sa magnanimité surhumaine, en faisant brûler toutes les archives de cette longue insurrection, comme une signification de l'entier oubli du passé, de l'union, de la concorde qui devaient désormais exister entre tous les Haïtiens. Cette destruction officielle eut lieu sur l'autel de la patrie de la ville des Cayes, en présence des troupes et du peuple, un dimanche des rameaux, un jour où l'Humanité entière devrait se confondre dans un seul esprit — celui de la charité — afin de bannir toute haine entre les enfants d'un même père. Le chef qui conçut cette pensée d'union, qui comprit si bien ses devoirs envers ses concitoyens, ses frères, qui était animé de cet esprit évangélique, méritait bien aussi les grâces divines attachées aux actes de son gouvernement, et d'emporter dans la tombe les regrets universels du peuple sur le cœur duquel il régna (B. Ardouin)

En 1791, au fameux combat du camp de Pernier au risque de sa vie, Pétion sauva la vie à un officier du régiment d'Artois qui allait être tué. Ce noble mouvement de générosité est applaudi par tous et fait cesser le carnage. A vingt-sept ans de là, sur le point de descendre dans la tombe, sa dernière action fut encore déterminée par un sentiment humain et généreux. Président tout puissant d'une République qu'il avait fondée, il réclama le consentement préalable d'un colonel noir sous ses ordres, pour exercer le droit de grâce, qui était dans les attributions de son autorité presque souveraine, envers un soldat noir du régiment dont ce colonel avait le commandement, et qui avait frappé son chef. Le militaire, gracié par Pétion trois jours avant sa mort versait, autour du cercueil de Pétion, des larmes qui touchaient tous les assistants. Son chef, à qui il avait désobéi, n'en versait pas moins : il était heureux de cet acte humain. Pétion avait commencé sa carrière militaire en sauvant la vie à un blanc, il termina sa carrière politique en sauvant la vie à un noir.

En pleine scission du Sud, malgré toute la cruauté des divisions intérieures qui menaçaient de détruire l'existence même du pays, Pétion ne cesse d'appeler tous les cœurs à la confiance, par son désintéressement et sa bonté. Aussi le peuple lui prodigue son amour, et il y trouve cette douce sérénité de la conscience qui est, disait-il, la récompense la plus flatteuse pour les hommes dévoués à la félicité de leur patrie.

L'esprit de conciliation, le bon sens, la ténacité, la tolérance morale, la discipline philosophique, la belle humeur de Pétion triomphèrent glorieusement de tous ces obstacles apparemment insurmontables et permirent de renouer le faisceau encore fragile de la nationalité haïtienne. Parmi tous ses contemporains même les plus cultivés, Pétion est celui qui avait le mieux compris qu'il faut beaucoup de sagesse et d'esprit de sacrifice pour organiser une nouvelle nationalité. Malgré tous les faits offensants qu'il eut à subir, tant de ses propres concitoyens que des gouvernements étrangers, il eut envers tous cette attitude digne et débonnaire qui lui permit de réaliser son grand Idéal : *la Nation Haïtienne*.

Alexandre Pétion fut et est le véritable créateur de la nation haïtienne : c'est là un fait que démontre aisément l'étude approfondie de la psychologie de l'Histoire d'Haïti. Cette explosion tout-à-fait unanime de regrets profondément sincères et de reconnaissance générale, provoquée par sa mort inattendue, est un de ces nombreux témoignages dont la parfaite évidence ne peut pas tromper.

Alexandre Pétion, par sa vie publique faite de la plus haute philantrophie, a été l'initiateur, l'animateur du grand mouvement universel qui d'Haïti, s'est répandu dans les cœurs de tous les philantropes qui ont combattu victorieusement, dans la Presse, dans les Parlements, dans les Gouvernements en faveur de l'abolition de l'esclavage. La République de Pétion, continuée si dignement par son successeur le Président Jean-Pierre Boyer pendant un quart de siècle, était l'argument décisif, pratique, expérimental, vivant, qui avait brisé les dernières résistances des esclavagistes.

Heureusement pour lui et pour le salut du peuple haïtien, Pétion n'a pas perdu son temps si précieux à bâtir citadelles ou forteresses extravagantes dont chaque pierre a coûté la vie à un homme et qui n'étaient que les manifestations pathologiques d'une folie des grandeurs. Imbu de cette haute philosophie qui place la force morale au-dessus de la force physique et qui met l'amour de la patrie au-dessus de certaines formes extérieures mensongères, Pétion avait mis la résistance nationale dans le cœur de chaque citoyen à qui il avait inculqué les sentiments inébranlables de la Liberté républicaine et de la Propriété démocratique. La vraie citadelle, la forteresse imprenable se trouvait, grâce à Pétion dans la conscience et dans l'âme des citoyens imbus du plus profond amour de la Patrie. Pétion avait bien raison, il avait l'Histoire avec lui, l'Histoire qui prouve que seuls, restent libres les peuples qui ont la ferme volonté de *vivre libres ou de mourir*. Mettez mille citadelles dans un pays dé jouisseurs à l'âme esclave, l'étranger s'infiltrera insensiblement et finira par dominer. Voyez ce qui s'est passé à Verdun, pendant la grande guerre 1914-1918 : l'état-major allemand avait annoncé d'avance la prise de Verdun, les batteries allemandes avaient démantelé, écrabouillé toutes les forteresses bien aménagées de cette place ; après cette colossale préparation d'artillerie, l'infanterie allemande se présente pour prendre possession du sol français, mais dans le cœur de chaque poilu français étaient écrits ces mots énergiques : « Vous ne passerez pas . . . . » Et l'Allemand, défait, n'a jamais pu passer. Vous voyez donc que Pétion avait parfaitement raison de ne pas mettre la défense nationale dans des forteresses que peuvent détruire les armes perfectionnées ni dans la tyrannie qui abrutit les âmes par la terreur.

S'il fallait édifier des citadelles ou des forteresses, je dirais qu'il faut en construire une dans le cœur de chaque citoyen. Instruire sérieusement tous les citoyens et leur inculquer l'amour indéfectible de la Patrie haïtienne : voilà les seules citadelles à construire à l'aide de l'éducation nationale. La République de Pétion, suivant la voie tracée par son illustre Fondateur, peut se passer de n'importe quelle citadelle qui pourrait servir à double fin et devenir à l'occasion le refuge de la tyrannie et le tombeau de la Liberté. A la longue, comme nous venons de le démontrer, on arrive à réduire n'importe quelle forteresse, mais il n'y a aucun moyen au monde pour réduire un homme qui dit fermement : « Non, je ne veux pas... » On peut tuer un homme qui ne veut pas, mais on ne peut pas arriver à le soumettre. La mort dans ces conditions honorables équivaut à la plus magnifique apothéose. La Volonté toujours bandée est donc la seule citadelle qui mérite d'être considérée au point de vue moral et national.

La volonté dans la Liberté constitue certes la seule défense nationale effective, c'est d'ailleurs l'ultime résistance qui est invincible et qui défie même la Mort. *La force morale est au-dessus de tout.* La question capitale, d'où dépend le jugement définitif sur notre civilisation, est celle du progrès moral.

Alexandre Pétion fut un voyant et un illuminé de la Bonté, tout en étant en même temps le plus judicieux et le plus pratique des réalisateurs, d'abord par la fondation de la république haïtienne, ensuite par sa belle œuvre agraire qui le mettait en avant de près d'un siècle de la plupart des hommes d'Etat modernes, et enfin parce qu'il est l'auteur de la liberté sud-américaine, selon l'expression de Bolivar.

Il y a encore d'autres faits peu connus que l'Histoire doit dévoiler, afin de prouver que la magnanimité d'Alexandre Pétion était d'une puissance créatrice infinie.

Longtemps avant que Simon Bolivar vînt lui demander du secours, Alexandre Pétion avait déjà pensé à nos frères dominicains qui gémissaient sous la domination espagnole.

Disons d'abord que la proclamation de l'Indépendance d'Haïti, le 1er janvier 1804, qui avait détruit les fondements les plus profonds de l'esclavage, avait aussi provoqué une émotion formidable dans le monde entier, et surtout autour de nous, en Amérique Latine. Par le fer, par le feu et dans le sang, nous avions mis fin à tout jamais à l'odieux trafic humain et proclamé la race noire l'égale de toutes les autres races humaines.

Aussi l'œuvre de 1804 contient plus de grandeur morale et plus d'humanité vraie que l'œuvre libératrice de Washington en 1776. Bolivar l'avait bien reconnu en disant que « *Pétion est destiné à faire oublier la mémoire du grand Washington* ». Les Haïtiens de 1804 étaient dégagés de toute idée mesquine d'argent et de taxes douanières, qui avait révolté les compagnons de Washington. Sous le souffle puissant et moralisateur de 1789, les premiers Haïtiens se sont redressés pour réclamer, au nom de la race noire, les Droits sacrés et imprescriptibles de l'Homme et du Citoyen et fonder une nouvelle Patrie qui avait sa place au soleil.

Quand en 1806, Alexandre Pétion fonda la République Haïtienne et fut élu Président, la race noire leva encore plus fièrement la tête, et osa regarder sereinement l'avenir. Ce fut la réhabilitation de la race noire par la République d'Haïti, grand problème qui a toujours constitué la caractéristique la plus vraie de l'histoire d'Haïti et de la pensée haïtienne, c'est le fonds commun de l'âme nationale haïtienne, de l'âme de Pétion dont la géniale et noble figure domine la Patrie haïtienne.

La race blanche sentit alors d'une façon plus aiguë que l'exploitation de l'Africain, de l'Indien et de l'Américain du Sud était chose ignoble, dégradante, monstrueuse. Du Mexique au Chili, les populations indigènes de l'Amérique Latine s'habituèrent plus que jamais à l'idée de vivre indépendantes ; de leurs métropoles : Iturbide, au Mexique Bolivar et Sucre dans le Vénézuéla, au Pérou, en Bolivie ; O'Higgins et San Martin, au Chili ; Belgrano, Garcia Moreno, Pueyrredon au Brésil, en Argentine ; Juan Sanchez et Ramires, dans la partie de l'Est d'Haïti, surent mieux comment il fallait commander, combattre, pour lasser la patience des dominateurs dont ils abhorraient le joug, pour électriser leurs soldats, pour remporter les victoires décisives, en s'aidant de leurs esclaves noirs, qu'ils étaient tenus de libérer, conformément à la promesse exigée par Pétion de Simon Bolivar.

Ce fut donc un évènement inéluctable que la répercussion de l'Indépendance haïtienne sur nos frères de la partie de l'Est de l'Ile d'Haïti : nos deux pays se touchent et se pénètrent par une frontière où des communications nombreuses se trouvent à chaque pas. Cette communauté topographique a toujours été cimentée par une amitié naturelle et nécessaire due à la conformité de religion, à la couleur où le mélange du sang africain trahit une origine commune et surtout aux grands intérêts qui sont toujours solidaires, à quelque point de vue que l'on se place.

Aussi quand, en 1808, quatre ans après la proclamation de l'Indépendance haïtienne, Juan Sanchez et Cyriaco Ramirez levèrent l'étendard de la révolte contre la domination étrangére, ils trouvèrent du secours moral et matériel auprès des deux chefs haïtiens qui se partageaient le pouvoir, Christophe et Pétion.

Cyriaco Ramirez avait dès les premiers moments de la révolte envoyé son second Huber auprès du Président Pétion pour en obtenir de la poudre et des armes. Pétion donna tout ce qu'il pouvait donner, en raison des besoins urgents de la guerre avec Christophe qui menaçait la République haïtienne. Ce secours matériel n'était certes pas grand, mais c'était beaucoup, eu égard aux difficultés qu'éprouvait le gouvernement de Pétion qui avait à faire face à des assauts répétés et à des sièges continuels. L'histoire impartiale tiendra compte de ces difficultés très sérieures à cette époque critique de notre vie politique, afin d'apprécier à sa juste valeur le concours matériel et moral donné par Pétion au chef dominicain, Cyriaco Ramirez. Etant au siège devant Saint-Marc, Pétion, malgré ses graves occupations militaires et politiques, écrivit, à la date du 2 octobre 1808, au missionnaire Cristobal Huber ou Tuver une lettre réconfortante où il lui dit : « le zêle et l'empressement avec lesquels il concourra à toute entreprise tendant à détruire la funeste influence que les agents du gouvernement français avaient conservée sur une partie de cette Isle... Néanmoins, je suis disposé, Messieurs à seconder de tous mes efforts le peuple du territoire que vous habitez. Ce peuple et celui d'ici sont frères, ils doivent s'aimer, avoir les mêmes intérêts, et se secourir mutuellement. *Je vous engage donc d'envoyer chercher des munitions, je vous en ferai délivrer au Port-au-Prince.* Je crois devoir aussi vous engager d'envoyer une ou plusieurs personnes avec qui je pourrais conférer sur *les bases qui doivent consolider notre union.* Comptez sur ma loyauté, elle ne se démentira jamais... »

Une deuxième fois, Ramirez envoya son beau-frère, le député Manuel Ximénès, auprès de Pétion pour avoir de nouveaux secours. Ce seul fait prouve que le premier appel auprès de Pétion n'avait pas été vain, comme le prétendent quelques historiens de mauvaise foi qui voudraient ternir par tous les moyens tout ce qu'Haïti a fait de beau, de grand et de noble. C'est un fait incontestable que Ramirez ne se serait pas adressé une deuxième fois à Pétion, si celui-ci n'avait pas répondu favorablement à son premier appel. C'est une logique formelle, conforme au bon sens le plus élémentaire. Du reste, la lettre de Pétion du 2 octobre 1808 en fait foi.

Cette fois encore, Pétion envoya à Ramirez une bonne quantité d'armes et de munitions qu'il tira de l'arsenal de Port-au-Prince. Pétion fit encore plus, il permit aussi au commerce du Port-au-Prince de vendre beaucoup d'armes et de munitions qu'il devait acheter pour repousser les attaques continuelles de Christophe. Ce qui donne encore plus de valeur au concours fourni par Pétion, puisque Christophe était constamment l'agresseur.

D'une dépêche du gouverneur de Porto-Rico, Don Torribio Montès, il est reconnu que le Président Pétion avait accordé à Salvador Félix qui accompagnait le député Manuel Ximénès, quarante caisses de cartouches, quatre mille pierres à fusil et cent fusils. L'historien B. Ardouin affirme formellement que « *ni Pétion, ni Christophe ne firent payer ce qu'ils avaient fourni aux hommes qui avaient le même intérêt politique que leurs concitoyens immédiats* ».

Torribio Montès voulait cependant que ces armes et munitions fussent payées, afin de prévenir toute alliance des insurgés dominicains avec les deux gouvernements haïtiens qui régnaient alors et repoussèrent toutes questions d'argent, parce qu'il s'agissait de l'indépendance d'un peuple frère et voisin.

Mais ce n'est pas tout. Pétion permit aussi à beaucoup d'haïtiens habitant les frontières de l'Est de former tout un corps de soldats qui allèrent grossir les rangs du parti des insurgés commandés par Juan Sanchez et Cyriaco Ramirez. Cette permission, Pétion l'accorda, malgré le danger manifeste qu'il y avait à encourir les représailles des gouvernements de France d'Espagne qui régentaient la partie orientale.

L'Armée dominicaine était composée des hommes les plus marquants, et l'historien français Guillermin qui n'aimais pas beaucoup Haïti a été obligé d'avouer que la principale force de l'armée dominicaine commandée par Juan Sanchez après la retraite volontaire de Ramirez, se trouvait dans ce corps de noirs et de mulâtres d'Haïti : c'était le corps de résistance qui donnait le plus grand appui.

Dès ce moment, les Dominicains voulaient faire une alliance avec la République de Pétion. Malheureusement, les opinions des principaux chefs dominicains étaient très divisées, et l'entente ne put avoir lieu. Mais ce n'était que partie remise.

Les Dominicains n'avaient jamais oublié les bienfaits de Pétion et le prestige rayonnant de la République haïtienne. Le successeur et digne émule de Pétion, le Président Jean-Pierre Boyer, maintint pendant un quart de siècle avec une grande fermeté ce prestige. Aussi, en 1821, les Dominicains, cherchant un refuge pour leur liberté et leur indépendance, se détachèrent violemment de l'Espagne, et, spontanément toutes les villes dominicaines, l'une après l'autre, arborèrent le drapeau haïtien, créé depuis 1803 par Pétion. L'esprit de Pétion avait opéré ce miracle.

L'unification de l'île sous l'autorité haïtienne est un problème extrêmement difficile qui reçut une solution magistrale et élégante par le Président Boyer. C'est une preuve de la vigueur de l'esprit haïtien à cette époque ; ce glorieux exploit est une preuve du génie administratif de ce chef haïtien qui sût maintenir l'accord fraternel pendant près d'un quart de siècle. Cefut aussi en grande partie le résultat de la belle œuvre philanthropique de Pétion envers l'Amérique espagnole. En effet, le commodore Aury, qui faisait partie de l'expédition de Bolivar aux Cayes en 1816, était venu trouver le Président Boyer qui était au Cap Haïtien à ce moment, en 1821, pour lui offrir son concours à unir la partie de l'Est à Haïti et empêcher son annexion à Colombie, comme le voulait Bolivar. Aury agit ainsi parce qu'il avait probablement gardé du ressentiment contre Bolivar, tandis qu'il éprouvait pour la mémoire de Pétion une gratitude qu'il voulait évidemment faire rejaillir sur la République haïtienne. C'est à partir de ce moment que le Président Boyer jugea qu'il était oppportun defaire un travail dans les esprits des populations de l'Est, tout en convenant qu'il fallait attendre que ces populations se prononvassent elles-mêmes en faveur de leur incorporation à l'Etat haïtien. Ce qui ne tarda pas à arriver.

Peu après la mort de Pétion, au moment où le Président Boyer allait se mettre en campagne contre l'insurrection de la Grande-Anse, Gregor Mac-Gregor, l'un des anciens officiers de Bolivar, arriva en janvier 1819 aux Cayes avec plusieurs navires de guerre et marchands, venant de Londres, il allait attaquer Carthagéne, encore au pouvoir des Espagnols. Comme tout le Département du Sud était déjà en pleine mobilisation militaire, Boyer fut dans l'impossibilité matérielle de lui fournir des armes et des munitions qui devaient être tirées de l'arsenal des Cayes, mais il lui accorda la permission officielle d'en acheter en grande quantité, du commerce de cette ville. Son ravitaillement militaire effectué, Mac Gregor alla devant Carthagène, où il échoua malheureusement. Il revint encore aux Cayes, où il reçut la même hospitalité bienveillante, et d'où il repartit ensuite pour une autre destination.

C'est encore l'esprit de Pétion qui, en mars 1861, porta le Président Geffrard à protester ouvertement et publiquement contre l'acte inqualifiable du Président dominicain, Pedro Santana, qui avait livré son pays à l'Espagne. Comme Pétion, le Président Geffrard avait bien compris le danger que constituait pour Haïti la colonisation de la partie de l'Est. Se souvenant du geste philantropique, deux fois renouvelé de Pétion envers Juan Sanchez et Ramirez, le Président Geffrard rallia tous les patriotes dominicains à qui il fournit une grande quantité d'armes et de munitions. Il donna pendant quelques temps asile au chef dominicain Francisco del Rosario Sanchez et envoya beaucoup de soldats de sa garde privilégiée, les Tirailleurs instruits par les meilleurs officiers français, pour aller grossir les rangs des patriotes dominicains qui se maintenaient difficilement à San Juan de la Maguana.

L'attitude magnanime du gouvernement et du peuple haïtiens en faveur de nos frères de l'Est fit en grande partie la victoire dominicaine, mais irrita l'Espagne à un tel point qu'elle dépêcha, peu après dans les eaux de Port-au-Prince, l'Amiral Rubalcava avec une escadrille qui stationnait à Cuba. L'Amiral espagnol lance un ultimatum au gouvernement haïtien, le rendant responsable de l'insurrection éclatée dans l'Est contre le gouvernement espagnol, et menace de bombarder Port-au-Prince. Les consuls de France et d'Angleterre intervinrent et empêchèrent la destruction de la ville de Port-au-Prince, mais le gouvernement haïtien, pour éviter une guerre désastreuse avec l'Espagne, dut payer une indemnité de deux cent mille dollars.

Le Président Geffrard n'avait fait que répéter le noble geste de Pétion envers Sanchez et Ramirez et Simon Bolivar, mais fut moins heureux. Les excès du gouvernement espagnol, en 1861, font clairement comprendre que Pétion avait bien raison de prendre beaucoup de précautions quand il rendait service, pour ne pas exposer le pays à des représailles brutales et malencontreuses.

La victoire obtenue, le Président Geffrard, malgré tout, mit ses bons offices à la disposition du gouvernement Provisoire de Santiago de los Caballeros, en 1862, pour l'établissement de la paix avec le Gouvernement de Sa Majesté Catholique — paix qui mit fin définitivement à la guerre de la Restauration et consacra d'une façon formelle et inébranlable l'Indépendance Dominicaine.

Huit ans s'étaient à peine écoulés, que le général Baez, Président Dominicain, et le général Cabral, s'entendirent pour livrer leur pays aux États-Unis de l'Amérique du Nord, sous la forme d'un projet d'annexion dont les termes avaient été rédigés d'un commun accord avec le Président américain Grant ; cela se passait en 1870. Les vrais patriotes dominicains en furent indignés et s'armèrent pour empêcher cette trahison. Le gouvernement haïtien présidé par le Général Nissage Saget et illustré par le célèbre parti libéral, intervint secrètement en faveur de l'intégralité de l'Indépendance dominicaine, en fournissant des armes, des munitions, et même des soldats déguisés. Le gouvernement nord-américain en fut ému et fit des remontrances au gouvernement haïtien par son secrétaire d'Etat, Hamilton Fish, qui manqua de courtoisie envers Haïti jusqu'à écrire au consul américain de Port-au-Prince qu'il ne croyait guère aux affirmations du Ministre des Relations extérieures d'Haïti.

Le gouvernement nord-américain dont l'impérialisme était encore jeune, insista, ne voulant pas lâcher cette proie facile et envoya dans les eaux d'Haïti l'Amiral Poor qui menaça de faire sauter le Palais National de Port-au-Prince par le feu de son escadre. Le Président Nissage Saget se redressa et, incarnant l'âme nationale haïtienne, l'esprit de Pétion, fit cette réponse fière et énergique : « Haïti a conscience de sa faiblesse. Le Gouvernement saura y conformer son attitude. Mais le Gouvernement haïtien ne pourra jamais rien entreprendre en ce qui concerne les sympathies du peuple haïtien envers les patriotes dominicains combattant l'annexion ». Ce fut comme un ultimatum de force morale devant lequel s'arrêta l'Amiral Poor.

Il y avait alors au Sénat américain une âme généreuse qui intervint dans le sens du gouvernement haïtien en protestant éloquemment contre le traité d'annexion agréé par le Président dominicain, Baez, et le Président américain, Grant. C'était le philantbrope Charles Sumner, sénateur du Massachussetts, qui rallia le Congrès américain à son idée. Le traité ne fut donc pas voté, et le gouvernement américain fut alors obligé de ne plus inquiéter la République d'Haïti ni la République Dominicaine. En signe de reconnaissance, Haïti offrit une médaille d'or au Sénateur Sumner, et une loi du 27 juillet 1871 fit confectionner deux portraits en pied du Sénateur américain devant être demandés aux Etats-Unis et placés, l'un au Sénat, l'autre à la Chambre des Députés. Le dernier considérant de cette loi est à méditer, il est ainsi conçu : « Considérant qu'en ce moment même où *la tentative d'annexion de la partie dominicaine menace si manifestement l'Indépendance d'Haïti*, il (le Sénateur Charles Sumner) jette, à l'aide d'une logique inflexible et d'une morale élevée, le trouble dans la conscience des annexionnistes sur la légitimité de leur but et de leurs moyens d'annexion ; qu'en conséquence, si l'Indépendance des deux Républicains sœurs d'Haïti est sauvegardée, un résultat aussi désirable sera attribué à juste titre à ce grand Orateur... » (1)

Sur ce point, le gouvernement de Nissage Saget n'avait

---

(1) L'attitude généreuse du Sénateur Sumner n'était qu'un fait isolé sans lendemain, puisque le gouvernement américain avait mis ses griffes sur une île adjacente haïtienne, *la Navase*, dont il s'est emparé par la force et qu'il n'a jamais voulu remettre. C'est ainsi que sous le même gouvernement de Nissage Saget, l'Assemblée Nationale, à la date du 29 mai 1872, s'exprimait ainsi dans son Message au Président d'Haïti : « Quant aux négociations pendantes entre votre gouvernement et le Cabinet de Washington et relatives à *la Navase*, comme vous, Président, l'Assemblée Nationale a la ferme assurance que la puissante République américaine, cette patrie de Washington, de Franklin et de Lincoln, n'attentera jamais à la propriété des Républiques — moins puissantes — qui sont ses voisines dans notre hémisphère .» Ce ne fut qu'un vœu qui n'a jamais été réalisé dans la suite, puisque les Nord-Américains occupent toujours *la Navase* !...

fait que suivre les traditions libérales et magnanimes tracées par Pétion et continuées par Geffrard, La colonisation de la partie de l'Est constitue un danger pour la république haïtienne, et vice versa.

Plus près de nous, l'esprit de Pétion n'avait jamais faibli. Quand les Cubains faisaient des efforts, il y a une trentaine d'années, en 1895, pour obtenir définitivement leur indépendance, Haïti était devenu le refuge de beaucoup de patriotes qui y ont organisé maintes combinaisons militaires et politiques. Port-au-Prince était devenu le principal rendez-vous du patriotisme cubain. Beaucoup d'Haïtiens ont généreusement contribué au succès des armes des Libérateurs Maximo Gomez et Maceo. L'illustre Marti, pourchassé par le gouvernement espagnol, fut secrètement protégé pendant longtemps dans une maison de Port-au Prince, d'où il ne sortit que pour aller rejoindre la grande bataille libératrice.

Par l'esprit de Pétion, la terre haïtienne a été très hospitalière aux patriotes cubains. C'est ainsi que dans le salon d'un grand quotidien cubain se trouve une relique très précieuse et qui témoigne hautement de la bienveillance haïtienne : c'est la table sur laquelle travaillait l'illustre Maceo, pendant son exil à Port-au-Prince où il s'était réfugié pour se mettre à l'abri des violences de l'Espagne. Tous les Haïtiens l'avaient reçu avec cordialité. Le gouvernement haïtien ferma les yeux et laissa le peuple haïtien couvrir d'attentions le patriote cubain qui était dans le malheur... C'est ainsi que le remarquable médecin cubain le Docteur Nunez présida la Junte révolutionnaire cubaine qui siégeait à Port-au-Prince et fut grandement aidé par les jeunes intellectuels haïtiens de cette époque.

Se souvenant de la brutalité de l'amiral espagnol Rubalcava, en 1861, les Haïtiens durent mettre beaucoup de discrétion dans le concours moral et matériel qu'ils donnaient de bonne grâce aux patriotes cubains. C'est à partir de cette époque que beaucoup d'artisans cubains fuyant l'oppression espagnole, se sont fixés pour toujours sur le sol haïtien. Il reste toujours en Haïti quelques rares survivants de cette époque. Ces laborieux cubains avaient fini par adopter leur seconde patrie et sont maintenant des Haïtiens.

C'est avec un bien vif plaisir que nous enregistrons le bel hommage rendu à Haïti à la troisième Conference Commerciale Pan-Américaine tenue à Washington au mois de mai 1927 par un éminent cubain, Monsieur Antonis Anton, président de l' « Association de Commerciantes » de la Havane, qui s'exprima en ces termes à l'égard du Président Pétion : « ... à Caracas seulement se dresse un monument à Pétion. Non, dans la patrie du Libérateur de l'Orénoque aux rivages de la Mer des Antilles, il n'y a pas une personne dans le cœur de qui la reconnaissance n'a elle-même érigé un monument à l'ami de Bolivar, à l'ami qui, en fournissant au Libérateur armes et argent, contribua si grandement à la réalisation de l'épopée qui avec sa constellation de victoires : Boyaca, Pichincha, Janin, Ayacucho et Caracobo, donna l'indépendance à cinq nations. »

Il était bon que ces paroles fussent dites par un étranger de marque, un cubain, à Washington même, au moment où Haïti est humiliée par les Etats-Unis, à l'indépendance desquels elle a contribué, et au milieu de l'indifférence générale de ses sœurs latines, pour l'émancipation desquelles elle donna généreusement son argent, son sang et la haute autorité morale de Pétion...

Voilà les miracles réalisés par Pétion dont l'esprit bienfaisant survivra toujours en Haïti. Pétion nous a appris à secourir les faibles et les opprimés, partout où ils peuvent se trouver. Haïti perpétuera toujours ce précieux souvenir.

Comme pour ces grands Saints mystiques du Moyen-Age, on peut difficilement mesurer l'ordre de grandeur des services que Pétion a rendus à son pays et aux générations qui lui ont succédé. Le pays à peine constitué était plongé dans une anarchie morale, sociale et politique telle que les héros de l'Indépendance se voilaient la face. Mais Pétion était là, c'était l'homme providentiel: les yeux fixes sur le présent, il travaille surtout pour l'avenir, il relève les courages abattus, les cœurs brisés et montre à tous la République, la Démocratie; il renoue les chaines fracassées de l'Histoire d'Haïti; les membres engourdis par le despotisme et par l'ancien esclavage, se redressent, se détendent, et le peuple haïtien reprend la marche en avant, précédé de ce phare lumineux qui disperse les ténèbres ensanglantées et encore fumantes.

Inspiré par la bonté chrétienne, Pétion parle un langage nouveau qui ébranle, persuade et convainc, et tous le suivent, l'acclament. Christophe est obligé de faire la trève, car autrement tous ses sujets passeraient dans la République de Pétion. C'est l'universelle confiance, qui de la terre d'Haïti va conquérir le monde, témoin de sa magnanimité envers Bolivar, envers tous. Aussi Pétion vivra toujours par le Bien qu'il a fait et qui demeure; son noble et touchant sacrifice n'a pas désiré d'autre récompense.

Prêchant d'exemple par la volonté invincible du Bien, Pétion, toute sa vie durant, sème partout le Bien, à pleines mains. Pour soulager les malheureux, il est obligé d'emprunter de ses amis, quand sa cassette est vide. Il a vécu comme un saint, et chef d'Etat, il n'avait jamais assez d'argent, tous ses appointements passaient pour diminuer les souffrances de ses concitoyens. C'est l'honneur d'un pays et d'une époque d'avoir vu naître un tel héros dont toutes les grandeurs étaient subordonnées à une seule, la Charité.

Quelques-uns de ses contemporains qui ne pouvaient pas le comprendre, parce qu'ils ne pouvaient pas atteindre une si haute philanthropie, quelques-uns de ses contemporains ont trouvé que Pétion se montrait faible en certaines circonstances, ils ne comprenait pas, ces pauvres d'esprit et de cœur, que cette faiblesse n'était qu'une tolérance philosophique, donc une vertu nécessaire, indispensable pour ne pas relâcher et même briser les liens si fragiles de l'unité haïtienne à cette époque de début et de formation embryonnaire. Si Pétion n'avait pas poussé à l'excès cette tolérance vertueuse aussi nécessaire en politique qu'en religion, la nationalité haïtienne, petite plante frêle et délicate, eût été emportée par le moindre orage venant de l'extérieur ou de l'intérieur. Pour bien saisir le passé, on n'a qu'à comparer les deux tableaux si opposés, si suggestifs que nous montrent le faisceau vigoureux de la république après la mort de Pétion, d'une part, et d'autre part, la désorgani sation anarchique du Département du Nord après la mort de Christophe.

Et d'ailleurs, n'est-ce pas le plus bel hommage que puissent rendre à un homme ses comtemporains, après sa mort, quand tout intérêt a disparu, que ce jugement de la Chambre des Représentants, trois mois après la mort de Pétion, à savoir que « *les fautes mêmes de cet homme révéré ont été utiles à la Patrie*. »

Par sa bonté surhumaine, Pétion a relevé le peuple haïtien. Il a donné le coup de barre qui oriente les générations nouvelles, il a évoqué l'unité haïtienne, il a détruit tous les privilèges absurdes par sa belle œuvre agraire, il a purifié le pouvoir et le peuple. Maintenant on peut dire que depuis Pétion, quelque chose de pur, par lui, a passé sur Haïti.

En accomplissant tant d'actes généreux, Pétion savait bien qu'il construisait une réserve inestimable qui servirait un jour à dégager l'avenir déjà sombre de ses successeurs, dont il avait pressenti, prévu la grave défaillance. C'est pourquoi il s'était montré si bon, si généreux, si grand, que ses qualités morales touchaient à la divinité. Il a fait du bien pour ses contemporains, afin qu'un jour les autres nous le rendent. La Patrie est une association, sur le même sol, des vivants avec les morts et ceux qui naitront. Oui, c'est pour le peuple haïtien que Pétion a fait tant de bien dans le monde.

En effet, une grande pensée de commisération et de réconfort, venue de presque tous les peuples, s'élève sur notre malheureuse Patrie comme pour lui dire : « *Courage et confiance, le Bien prodigué par Alexandre Pétion à travers le monde, ne sera pas perdu, courage et confiance*. »

La petite nationalité haïtienne a une haute raison d'être dans le monde. Le peuple haïtien a une destinée providentielle.

Il y a là, au milieu de la Mer des Caraibes,un petit territoire, le tiers d'une île de médiocres dimensions, peuplé de deux millions de noirs et mulâtres, si peu riches si peu instruits,si faibles enfin,qu'on se demande avec étonnement par quel phénomène d'équilibre, se maintient debout, au cœur de l'Amérique cette chétive fille de l'Afrique.

Est-ce par l'indifférence du monde civilisé ? Non. Dans le concert des nations, depuis surtout qu'elle a accueilli avec tant de générosité Simon Bolivar, elle attire tous les regards. Qu'elle ait le front ceint des auréoles de gloire de Toussaint-Louverture, de Dessalines et de Pétion, ou les épaules couvertes du manteau carnavalesque d'un Empereur Soulouque, depuis plus d'un siècle, l'attention du monde civilisé n'a cessé d'être fixée sur elle. Est-ce du moins à la bienveillance, à l'admiration, à la pitié du monde civilisé, qu'elle doit de rester vivante ? Oh ! non. Elle est méprisée, conspuée, dénigrée commeaucun peuple ne l'a jamais été. Pour la désigner, on se sert du mot d'un monarque allemand, triste histrion couronné, aujourd'hui déchu, mot qui a fait le tour du monde : « *Haïti, ce n'est qu'une bande de nègres, légèrement teintés de civilisation française !...* » Un président américain l'a qualifiée « *une tâche sur la carte du Nouveau-Monde* ».

Et pourtant, personne n'ose et ne peut proposer l'effacement de la tâche, ni détruire la fille ainée de la Révolution française. Son nom reste sur le rôle des Nations civilisées et chrétiennes. Dans les grandes assises, elle retient son fauteuil, et quand elle se présente, modeste, timide et presque tremblante, dans son humble appareil, l'huissier se demande indigné : « Que vient-elle faire ici ? » Mais il s'incline, et lui dit respectueusement comme aux autres : « Passez, Madame. »

Par le Traité de Versailles de 1919, Haïti est un des premiers membres fondateurs de la Société des Nations dont le rôle bienfaisant pour l'Humanité s'affirme de plus en plus.

Il en est ainsi, parce que Dieu le veut, parce que l'existence de cette chétive nationalité haïtienne est providentielle, parce quele geste de fraternité, de magnanimité et de mansuétude accompli par Alexandre Pétion envers Simon Bolivar restera un symbole édifiant pour tous les peuples...

Jésus de Nazareth naquit dans une étable et mourut sur un gibet. Les hommes n'ont rien connu de si grand Jésus : c'est l'Homme-Dieu. Les premiers seront les derniers, et les derniers seront les premiers. Cette grande parole évangélique s'est vérifiée, se vérifie sans cesse dans l'existence de la nationalité haïtienne. Haïti, c'est un petit peuple, dont Alexandre Pétion, la gloire la plus pure de la race noire, a fait une grande nation, par ses conceptions politiques d'indépendance et par sa belle œuvre démocratique et agraire. L'histoire d'Haïti, c'est l'histoire de la réhabilitation de toute une race d'hommes.

De quelle race ? La dernière... La race noire !

Haïti, c'est donc l'histoire de la rédemption de tout ce qui est dédaigné, vilipendé dans la grande famille humaine. La nation haïtienne a certainement une mission providentielle à remplir en ce monde, et qu'elle ne peut trahir, sans encourir la malédiction de Dieu. Cette mission élevée, nous l'accomplirons par le Travail, l'Education et l'Instruction répandus à profusion dans toutes les couches du peuple haïtien. En dépit des moqueries et des calomnies odieuses dont nous sommes abreuvés par les peuples qui abusent de la Force, nous poursuivons la belle œuvre que Dieu nous a assignée : la réhabilitation de la race noire par l'élèvation matérielle, morale, intellectuelle et sociale de la Patrie haïtienne.

Le peuple haïtien peut bien rire de toutes les calomnies versées à jets continus sur son état politique, social et économique. Quel peuple parti de si bas et avec si peu, eut pu faire mieux ? Quel peuple a donc fourni de plus nobles et de plus généreuses contributions à la cause de la liberté humaine et des droits inaliénables des nations, en un si petit espace de temps ?

L'occupation américaine constitue certainement une honte pour un peuple qui a pris naissance dans une épopée aussi glorieuse, et qui a eu pour chef un Alexandre Pétion. Mais nous sommes encore plus honteux des fautes qui ont amené l'occupation étrangère. Les traitres, les *marchands de patrie*, existent dans tous les pays. La vie est un mélange du Bien et du Mal. C'est Dieu qui l'a voulu ainsi afin de rehausser la vertu, le Bien. Il y a bien longtemps, plus de vingt siècles, depuis que Philippe II de Macédoine avait dit que s'il pouvait y faire arriver une mule chargée d'or, il était sûr d'avoir Athènes, que le grand Démosthène défendait si bien par ailleurs. L'argent diminue la force de la Morale dans tous les pays, parce que partout il y a de mauvais citoyens qui préfèrent les jouissances à la dignité de leur Patrie. Pendant la grande guerre 1914 18, nous avons vu que, dans chacun des pays combattants, il y a eu des traîtres qui ont trafiqué de l'honneur de leur patrie. Partout il y a des *marchands de patrie.*

L'impérialisme qui sait glisser adroitement quelques sacs remplis d'or dans les poches des indigènes et des jouisseurs, à qui on offre en même temps toutes les puériles vanités d'un pouvoir réduit et avilissant, cet impérialisme qui n'est *qu'une grande escroquerie internationale* a donc beau jeu.

Tant d'autres pays, plus grands et plus vieux qu'Haïti, ont aussi connu l'occupation étrangère avilissante : la Hollande et la Belgique, si bien ordonnées maintenant, ont subi la domination espagnole pendant une longue période de leur histoire ; la France, il y a quatre siècles, a souffert l'occupation anglaise pendant plus de cent ans et fut enfin délivrée providentiellement par Jeanne d'Arc ; toute l'Allemagne du Rhin et toute l'Italie septentrionale se sont courbées pendant des années sous l'occupation française ; la Pologne a subi une éclipse totale d'un siècle et connaît maintenant une belle résurrection. La résurrection haïtienne, viendra à son heure et sera aussi belle.

Aux grands hommes de l'Antiquité et des temps modernes nous pouvons montrer Alexandre Pétion, qui a fondé la République haïtienne, et dont toute la vie est un modèle harmonieux de sagesse, d'abnégation, de bonté et de grandeur civique. Pétion a réalisé sa belle œuvre agraire par la création de la petite propriété urbaine et rurale haïtienne sans restriction, devançant par ainsi, comme nous venons de l'établir, certains pays de près d'un siècle. Pétion est mort en partie de chagrin, voyant que ses contemporains ne le comprenaient pas assez, et ne prévoyaient pas le danger qui menaçait la Patrie haïtienne. Alexandre Pétion n'a fait verser des larmes qu'à sa mort, tandis que Washington est mort propriétaire d'esclaves maltraités, torturés. A tous les points de vue, Alexandre Pétion est plus grand que Georges Washington, ainsi que l'a dit Bolivar. Les lèvres de Pétion n'ont jamais été souillées par le moindre mal, ni ses mains par la plus petite goutte de sang. Petion n'a jamais fait que du Bien, rien que du Bien, et ce Bien. il ne l'a pas reservé seulement à son pays, il l'a répandu à profusion sur tout un continent.

Dans les Sciences, dans les Lettres et dans les Arts, de nombreux haïtiens se sont distingués, cela ne fait l'ombre d'aucun doute, même pour les plus sévères parmi nos calomniateurs. Nous avons certes eu des faiblesses, et quel peuple n'en a jamais eues ? Rien ne peut donc légitimer certaines accusations manifestement exagérées de brutalités et de superstitions lancées contre le peuple haïtien. Les foules sont toujours irréfléchies à certains moments, dans tous les pays. Nos superstitions grotesques et ridicules n'existent presque plus depuis longtemps. Et d'ailleurs, elles ne sont pas plus grossières que la religion païenne des Grecs et des Romains, qui à leur époque dominaient le monde. Même en plein vingtième siècle, ne signale-t-on pas de temps à autre des pratiques supertitieuses tout-à-fait ridicules dans les campagnes des pays les plus civilisés de l'Europe ? La Révolution française, malgré ses principes si élevés, n'a-t-elle pas donné lieu à des scènes d'une violence et d'une atrocité inouïes ?

Nous ne demandons donc, nous ne pouvons demander au monde civilisé, pour accomplir notre destinée, que les seules choses que, dans toutes les situations possibles, tous les hommes se doivent les uns aux autres : Justice et Vérité !

Le peuple haïtien n'est certes pas sans reproches, il faut l'avouer. Nous avons commis des fautes très graves. Mais quel homme, quel pays n'en-a-t-il jamais commises ? De même qu'il n'y a pas d'hommes sans péchés, il n'y a jamais eu et il n'y aura jamais de pays sans péchés. La nature humaine étant faite d'esprit et de matière, il n'est pas possible de trouver sur la terre un homme qui n'ait jamais commis d'erreur. Dieu seul est parfait. Nous avons, certes, beaucoup péché: nous avons gâché par nos luttes fratricides si stupides le bel héritage de nos aïeux. Cela, c'est un grand mal, mais c'est un mal qu'avec un peu de bonne volonté et de l'union, nous pourrons réparer facilement. Si nos divisions intestines ont été en partie la cause de l'occupation militaire, politique et financière que nous subissons du gouvernement américain, depuis le 28 Juillet 1915, les faits incontestables sont aussi là pour démontrer que l'intervention américaine en Haïti constitue le fiasco le plus complet pour un peuple qui veut se mettre à la tête de la civilisation.

Il est en effet malheureux qu'au début de notre indépendance la *formation politique* ait absorbé toutes les énergies du pays. C'est une chose fatale dans l'évolution de tous les peuples jeunes, et particulièrement chez les nations de l'Amérique, qui toutes, sans exception, ont été d'abord des colonies brutalisées par des métropoles sous forme de monarchies despotiques. La deuxième étape, c'est-à-dire la *formation économique*, ne pouvait venir qu'après la première. Les Etats-Unis eux-mêmes n'ont pas échappé à cette loi d'évolution : la terrible guerre de la Sécession, qui a failli compromettre l'existense même de la grande fédération nord-américaine, le prouve assez. La république d'Haïti entrera d'amblée dans sa formation économique, aussitôt après l'Occupation américaine qui aura été pour nous une dure épreuve, une leçon amère, terrible, une vraie catastrophe, nationale et morale.

Les patriotes haïtiens ne désespèrent pas de la Patrie haïtienne. Aucun haïtien digne de ce nom ne doute du brillant avenir que Dieu réserve au peuple haïtien. Un pays ne meurt jamais tout-à-fait. Haïti ne mourra pas ; le pays de Pétion doit vivre pour accomplir dignement sa mission providentielle : *se réhabiliter afin de réhabiliter la race noire.*

Plus que jamais ces prophétiques paroles de Toussaint-Louverture restent vraies, irrévocables : « *En me renversant, on n'a abattu à Saint Domingue que le tronc de l'arbre de la liberté des noirs ; il repoussera par les racines, parce qu'elles sont profondes et nombreuses* ».

Le sens de la prophétie de Toussaint-Louverture ne devient bien clair que par les recommandations aussi irrévocables de Dessalines : « *Noirs et jaunes que la duplicité raffinée des Européens a cherché longtemps à diviser, vous qui ne faites aujourd'hui qu'un même tout, qu'une seule famille, n'en doutez pas... Mêmes calamités ont pesé vos têtes proscrites, même ardeur à frapper vos ennemis vous a signalés, même sort vous est réservé, mêmes intérêts doivent donc vous rendre à jamais unis, indivisibles et inséparables. Maintenez cette précieuse concorde, cette heureuse harmonie parmi vous : c'est le gage de votre bonheur, de votre salut et de vos succès, c'est le secret d'être invincibles* ».

Il a fallu la grandeur d'âme, la profondeur de pensée et le génie politique d'Alexandre Pétion pour donner le vrai sens, le sens national, le sens de la race, aux prophéties de Toussaint-Louverture et aux recommandations de Dessalines en créant sur des bases inébranlables la république et la démocratie haïtiennes, en réalisant sa belle et généreuse œuvre agraire, en dessinant de ses propres mains définitivement le Drapeau de la République d'Haïti, *rouge et bleu horizontal*, en y mettant nos armes, les boulets et les canons qui seuls savent défendre tout homme libre, avec le bonnet de la Liberté et le symbole vivifiant « L'UNION FAIT LA FORCE » ce symbole qui fait comprendre au monde que nous autres Haïtiens sommes des hommes convaincus, quand nous sommes armés, matériellement ou moralement, pour défendre notre Liberté pleine et entière, notre Indépendance intégrale...

Les trois profondes prophéties de Toussaint-Louverture, de Dessalines et de Pétion se complètent et se confondent dans cette pensée de justice et de vérité : Haïti, c'est l'égalité des races humaines; Haïti, c'est la liberté et l'indépendance de la raee noire dans toute sa plénitude; Haïti, c'est le 1789 de la race noire; Haïti, c'est la fille aînée de la Révolution française; Haïti, c'est la France noire de Michelet, Haïti, c'est l'instrument de la réalisation parmi les hommes, de la grande pensée chrétienne : « Aimez-vous les uns les autres ».

Toute l'histoire d'Haïti et de la pensée haïtienne n'est faiteque de la réhabilitation de la race noire: Ogé et Chavanne, les premiers martyrs de la liberté haïtienne ; Toussaint-Louverture, Dessalines, Alexandre Pétion, Capois, Christophe, Jean Pierre Boyer, Boisrond-Tonnerre, Guy Joseph Bonnet, B. Inginac, Fabre Geffard, Elie Dubois, Beaubrun Ardouin, Thomas Madiou, Delorme, Hannibal Price père, Linstant Pradines, Plésance, Edmond Paul, Boyer Bazelais, Armand Thoby, Dr. Janvier, Dr. J.B. Dehoux, Camille Bruno, Saint-Rémy, Drs. Louis et Léon Audain, Dr. Destouches père, Justin Dévot, Solonnémos, A. Firmin, Pommayrac, Massillon Coicou, F.D. Légitime, etc., etc.

Un pays qui produit de tels hommes, n'est pas quoiqu'on en dise, perdu pour la civilisation. Les lumineuses études de ces grands haïtiens feraient honneur à n'importe quelle bibliothèque du monde ancien ou moderne.

L'existence de tous ces hommes si brillants si représentatifs, prouve jusqu'à la rèalité évidente qu'Haïti est douée d'une viabilité vigoureuse. Notre force vitale, notre physiologie n'est pas entamée, elle est encore intacte, malgré les microbes virulents et subtils venus en masse du dehors. Le pays de Pétion est réellement riche d'intelligences et de tempéraments bien doués. Si l'occupation américaine nous a désarmés par surprise, elle n'a pas pu empêcher le développement de cette brillante résistance morale qui n'a jamais désarmé et qui fait honneur au peuple haïtien.

L'Histoire impartiale et vraiment juste tressera un jour des couronnes de gloire à ce petit noyau de patriotes indépendants qui ont combattu et combattent toujours avec acharnement pour qu'Haïti reste une, souveraine, indivisible et sacrée comme après 1804, — *l'idée de nation est inséparable de l'idée de tradition et de territoire. Qui dit Patrie dit d'abord Territoire.* Le caractère sacré et inviolable du territoire forme la base du patriotisme chez tous les peuples. C'est un fait historique inéluctable. Dépositaires incorruptibles du précieux héritage des Héros de l'Indépendance, les vrais patriotes ont tout bravé : persécutions sournoises dans leur vie privée, professionnelle et publique, ostracisme féroce, privations sociales et matérielles de toutes sortes, mauvais traitements réitérés et prolongés, rien ne leur a été épargné de mal sous une forme ou sous une autre, mais ils ont tenu bon. C'est une bataille héroïque, tant au point de vue physique que moral. Nous n'avons pas cédé un pouce du terrain sacré qui est l'essence même de la Patrie. Déjà, on peut dire que le patriotisme national haïtien a triomphé. La lutte continue toujours, cette lutte où les plus méritants ne sont pas toujours ceux qui ont subi le plus de mal corporel. Assurément, les meilleurs soldats sont ceux qui soutiennent le moral de la masse et de l'élite par leur plume acerbe et tranchante, et surtout par leur vie privée et publique où l'examen le plus minutieux, le plus scrupuleux, dans le passé et dans le présent, ne peut découvrir la moindre souillure, la moindre trace de compromissions, de tractations cachées ni de démagogie intéressée et calculée.

Voilà les vrais soldats de la Défense nationale, qui sont cependant parfois méconnus, parce qu'ils sont moins remuants et moins irréfléchis, parce qu'aussi ils sont très moraux et que la foule et les politiciens n'aiment pas beaucoup les hommes d'une honnêteté intégrale qui tranche et se distingue un peu trop. Ce sont pourtant les vrais défenseurs de la Patrie et des traditions qui conditionnent et honorent un peuple. Il est même à se demander si cette bataille morale doublée de tant de privations sociales et physiques qui dure depuis treize ans, depuis 1915, ne pourrait pas soutenir la comparaison avec les luttes épiques de la guerre de la Liberté et de l'Indépendance qui a duré de 1790 à 1803.

Cette petite armée de réactionnaires bienfaisants, qui pourra énumérer ses souffrances, ses affres, puisque toute armée a besoin de grandes ressources matérielles pour sa résistance et sa durée?. Cela rend encore plus belle la gloire qui résulte de cette brillante résistance morale. C'est *la victoire des vaincus*. Cette victoire, pour ne pas être précaire, doit être suivie très vite de la reconstitution du faisceau national. N'est-ce pas Pétion qui a fait l'emblème, les armoiries d'Haïti de cette devise qui lui est propre : « *L'Union fait la force...* » et qu'il a inscrit dans le Drapeau National ? Le mot d'ordre doit être : « on ne passe pas ».... comme à Verdun...

Nous autres patriotes haïtiens, nous sommes toujours là, debout, l'arme au bras, fermes au poste de sacrifice, les yeux fixés sur les yeux de Pétion, n'attendant que le réveil de l'âme de Dessalines et de Pétion, prenant patience pour ne pas déranger inutilement le cours normal des évènements libérateurs conduits par Dieu et sachant bien que chaque homme, chaque chose paraît et vient à son heure, à l'heure choisie par Dieu. *L'histoire*, a dit un grand penseur français, *abat les grandes impatiences et soutient les légitimes espérances*.

Dans la situation difficile et compliquée qui nous est faite, il n'y a que deux manières : résister avec violence, ou subir malgré soi les évènements tout en cherchant à les utiliser. En réalité, nous n'avons pas été libres de choisir : désarmés et dans l'impossibité matérielle d'organiser une résistance violente, nous avons pu seulement réagir contre les évènements, de toute la force de nos sentiments, et c'est cette réaction méthodique et inlassable qui nous donnera le triompe final. Nous comptons sur la prodigieuse endurance du peuple haïtien, dont nous portons la douleur avec stoïcisme, et le peuple haïtiens s'est reconnu en nous. Périssent toutes les personnalités, même la nôtre, mais que la nation haïtienne soit sauvée ! Tel est notre état d'âme !

On dit souvent, en ces jours, que nous manquons d'hommes. C'est une erreur. Nous n'avons jamais, à aucune époque, manqué d'hommes. Nous en avons toujours. Il y en a plus qu'on ne le croit. Seulement, ils sont obligés de s'isoler par rapport aux circonstances actuelles. Que de forces perdues, que de grandes intelligences, que de nobles caractères sans activité, parce ce que les hommes chargés de choisir des hommes ne s'y connaissent pas en hommes, ou plutôt parce que des passions politiques ou mesquines ou jalouses, de trop basses et dégoutantes besognes ont banni de la route les grands courreurs ! Pour qu'ils puissent participer à la course, il faut des occasions extraordinaires. Sans la guerre, le maréchal Pétain aurait été retraité comme colonel.

Parfois aussi, il est donné à quelques natures d'élite, à force de ténacité, de noble ambition du bien et de désintéressement personnel, de percer à travers les broussailles des obstacles ou des vilénies, et de s'imposer par leur valeur, par leur énergie calme et souriante.

La réhabilitation de la race noire par la République d'Haïti, à la lumière de la Justice et de la Vérité, mais c'est la grande et noble pensée qui a toujours animé, inspiré le peuple haïtien. En effet, treize jours après la proclamation de l'Indépendance, Dessalines prenait un décret daté du 14 janvier 1804 accordant une récompense aux bâtiments américains qui ramèneront un grand nombre de noirs et d'hommes de couleur, indigènes, qui souffraient de l'esclavage aux Etats-Unis d'Amérique, faute de moyens pour retourner dans leur patrie.

La Constitution de 1805, en une formule brève, catégorique et impérative, disait : « Art. 2. — *L'esclavage est á jamais aboli.* » Cette formule imposait énergiquement, définitivement, l'abolition de l'esclavage, comme un ordre moral formel aux nations du monde entier, comme un commandement militaire international. Nous pouvons rappeler sans fausse modestie que c'est l'Indépendance haïtienne qui a fait abolir l'esclavage par tous les peuples civilisés. Haïti a été le grand et suprême argument démontré victorieusement par les philanthropes abolitionnistes du 19e siècle.

Aussi, ce fut un immense cri d'admiration et d'allégresse universelles parti de tous les cœurs sensibles et nobles du monde entier, quand on eut appris la conduite sublime et généreuse d'Alexandre Pétion envers Simon Bolivar.

Voilà un petit peuple qui vient à peine de naître, et qui rencontre des difficultés inouïes pour simplement vivre, parce que des ennemis puissants l'entourent et que des pièges inextricables et innombrables se dressent à chacun de ses pas chancelants! Eh bien! C'est ce petit peuple, à peine sorti de l'esclavage, qui, par son incarnation merveilleuse dans un homme de génie, se dresse *sans efforts, sans espoir de réciprocité*, avec une modestie simple et touchante, et donne la liberté à la moitié d'un continent, à l'Amérique du Sud. *Cela, c'est un fait unique dans l'histoire du monde*. Fouillez les archives de tous les peuples de la terre, dans l'antiquité ou dans les temps modernes ou à l'époque contemporaine, vous serez dans l'impossibilité absolue de rencontrer un fait pareil à l'action chevaleresque de Pétion envers Bolivar. L'humanité a produit bien peu de chefs de l'envergure morale de Pétion. Jésus, l'Homme-Dieu, seul, le dépasse. C'est parce que les peuples, comme les hommes en général, sont égoïstes. Voyez l'attitude piètre des Etats-Unis de l'Amérique du Nord envers Cuba. Le gouvernement nord-américain donne son concours aux Cubains qui combattent pour leur indépendance. Mais comment se conduit-il après ? Il fait de Cuba une république à appendice, il impose le fameux amendement Platt ; l'aigle met ses griffes sur le territoire sacré de la Patrie cubaine, il prend sa proie, Guantanamo. Ce ne fut donc qu'une occasion pour implanter définitivement cet impérialisme inhumain qui asservit le monde. Ce fut donc un acte d'égoïsme étroit et sans la moindre grandeur morale. Aussi, avec la longueur du temps, avec la reculée de l'histoire, l'acte chevaleresque de Pétion grandit encore, grandit toujours, sans jamais pouvoir trouver son égal en ce monde. Pétion nous apparaît alors transfiguré, à l'égal des grands Saints mystiques du Moyen-Age.

Cette générosité et cette magnanimité d'Alexandre Pétion firent plus pour consolider notre Indépendance à l'extérieur que tous nos actes publics depuis 1804 à nos jours.

Aussi les esclaves noirs et mulâtres devenus libres dans l'Amérique du Sud grâce à l'aide efficace donnée par Pétion à Bolivar, tous les noirs et hommes de couleur dans le monde, n'eurent qu'une pensée : venir en Haïti, le premier pays où l'homme noir avait conquis ses propres forces,sans aucune aide étrangère ni morale ni matérielle, la Liberté et l'Indépendance, et voir de leurs yeux, connaître Pétion.

Pétion, voulant qu'Haïti devint une terre de refuge pour tous les enfants de l'Afrique qui souffraient ailleurs, inscrivit dans la Constitution de 1816 l'article 44 qui ouvrait les bras de la République noire à ces nouveaux enfants : « Art. 44. — *Tout Africain, Indien et ceux issus de leur sang, nés dans les colonies ou en pays étrangers, qui viendraient résider dans la République seront reconnus Haïtiens, mais ne jouiront des droits de citoyen qu'après une année de résidence.* »

Dans un élan incomparable de générosité, Pétion avait pensé aussi aux Indiens, aux malheureux Indiens que les Espagnols maltraitaient dans l'Amérique du Sud,et que les Américains du Nord massacraient avec une férocité sans pareille, et à leurs descendants indigènes ou alliés ! Quel bel exemple de noblesse morale et d'élévation sentimentale ! Cela fut fait en souvenir des anciens Indiens d'Haïti massacrés par la conquête espagnole lors de la découverte de l'île par Christophe Colomb à partir de 1492.

Voilà pourquoi notre immortel Alexandre Pétion est si grand et tient une place si élevée dans l'histoire de l'humanité ! Voilà pourquoi Pétion est plus grand que Washington !

C'est depuis cette époque que beaucoup de noirs, d'hommes de couleur et quelques Indiens vinrent en foule en Haïti,sortant de l'Amérique du Sud et de toutes les Antilles. *Pétion avait fait d'Haïti la terre de liberté et d'espérance de la race noire et des Indiens.*

La prévoyance et la sollicitude de Pétion pour ces nouveaux haïtiens aux termes de sa Constitution,étaient telles qu'il employa tous les moyens possibles pour faire arriver en Haïti tous ceux qui végétaient et languissaient dans les

Antilles. Il mit à leur disposition une goëlette de l'Etat. Il autorisa aussi le passage de tous ces nouveaux haïtiens mulâtres et noirs, — quel que fût leur lieu de naissance— qui erraient misérablement en Europe et furent rapatriés aux frais de l'Etat, après avoir fait des avances à ceux qui en avaient besoin pour leur déplacement de l'intérieur des pays où ils se trouvaient,afin de se rendre aux ports d'embarquement. C'est à ce titre que MM. Chobelet Junior et Cie., négociants de Bordeaux, firent, le 19 avril 1817 ,à cent trois personnes embarquées sur le brick hollandais, *l'Edouard,* des avances, au nom et pour compte du gouvernement de Pétion, pour la somme de 11.401 francs 75 centimes de France,ce qui équivaut à 2280 dollars 25 cents. Plusieurs familles respectables vinrent ainsi augmenter la population d'Haïti.

Au commencement de l'année 1816, des hommes semblables, nous dit l'historien B. Ardouin, étaient venus de la Martinique d'où les préjugés et un régime affreux les avaient chassés. En outre, tous les Africains capturés dans la répression de la traite pouvaient être introduits en Haïti, où ils devenaient libres automatiquement. Même les Indiens venus des Indes Orientales, d'une couleur foncée, furent admis à jouir des mêmes avantages et devenaient d'emblée haïtiens, c'est-à-dire libres et indépendants, puisque la couleur des hommes était un signe de réprobation d'après le système colonial des monarchies européennes. Tous les autres chefs qui concoururent à la déclaration de l'indépendance haïtienne comprenaient aussi qu'ils fondaient une patrie qui pût servir de refuge à cette race proscrite, la race noire.

La constitution de 1843 maintint la généreuse mesure de Pétion dans deux de ses articles : « Art. 6. — *Sont Haïtiens tous individus nés en Haïti ou descendants d'Africain ou d'Indien...* Art. 7. — *Tout Africain ou Indien, et leurs descendants sont habiles à devenir Haïtiens.* » Cette mesure avait un caractère de faveur exceptionnelle, puisque la naturalisation, jusqu'à cette époque, n'était pas encore prévue par le Droit haïtien.

Les autres Constitutions ultérieures respectèrent et conservèrent la belle et généreuse idée de Pétion. Le Code civil de 1826 établit des formalités très peu sévères pour la naturalisation des noirs et des Indiens nés à l'étranger : 1° une déclaration de séjour et un serment faits devant le juge de paix, 2° une année de résidence effective. Cette résidence préalable d'une année fut même supprimée par une loi de l'année 1860. De sorte que l'on peut dire que les étrangers de race noire et indienne ont toujours joui de la faculté de devenir haïtiens, presque instantanément, sur une simple manifestation de leur volonté, et même avant 1826, automatiquement, sans aucune formalité, par simple action de présence.

Le Président Boyer fit en 1826 une émigration de noirs et d'hommes de couleur des Etats-Unis, où ils étaient encore plongés dans l'esclavage le plus cruel : c'était une façon de prolonger, d'étendre l'œuvre grandiose de Pétion. Le Président Geffrard, en 1862, fit aussi une immigration de noirs et d'hommes de couleur américains. Autant de fils nouveaux pour la République haïtienne qui leur donna des terres et d'autres moyens de travail,afin de leur apprendre à apprécier la liberté et l'indépendance. C'était toujours la pensée de Pétion qui agissait, qui ouvrait les bras d'Haïti aux enfants déshérités et méprisés de la race noire, partout où ils pourraient se trouver.

Maintenant, la naturalisation, sans restrictions de race ni de nationalité, est admise en Haïti depuis la Constitution de 1889. Les personnes de race africaine bénéficient d'une simplification des formalités administratives.

Ainsi donc, la réhabilitation de la race noire par la République d'Haïti, qui fut la grande pensée dominante d'Alexandre Pétion, a toujours constitué la caractéristique la plus saillante de l'Histoire d'Haïti et dela pensée haïtienne, c'est le fond commun de l'âme nationale,de l'âme de Pétion, dont la géniale et noble figure plane sur la Patrie haïtienne.

Cette idée, ce rêve tenace de nos aïeux, que Pétion a buriné pour la première fois dans un des articles fondamentaux de la charte haïtienne de 1816 pour en faire un idéal national et racial, ce rêve ancestral n'est pas une de ces chimères qui s'évanouissent avec le temps et dans l'espace. Sur ce point encore, Pétion a été au-dessus et en avant de son époque. Il faut arriver aux penseurs du 20e siècle qui ont compris, comme le dit le grand homme d'Etat espagnol, le comte de Romanonès, que « l'histoire ne peut plus être écrite à l'avenir par des peuples isolés. Son théâtre est plus vaste. La trame tissée par le Destin embrasse maintenant toute la planète. Les acteurs des siècles à venir seront les races. »

C'est aussi l'opinion d'un savant anthropologiste hollandais, M. Bernelot Moens qui, dans son récent livre intitulé « Vers l'Homme parfait » prévoit une grande guerre de races au 20e siècle.

La grande guerre de 1914-1918 l'a bien prouvé, ce fut une mêlée, une bataille de races. Pétion a placé Haïti à l'avant-garde de la race noire. Par Pétion, le premier geste d'éclat de la race noire, après l'Indépendance haïtienne, a été l'accolade fraternelle donnée à Simon Bolivar et à la liberté de l'Amérique du Sud.

On peut donc dire qu'Alexandre Pétion a été le premier à poser les bases essentielles et solides de cette *union latine*, l'étoile brillante de l'horizon de tous les peuples latins. Le concours matériel donné en deux fois à Bolivar prouve que pour Pétion cette union latine n'était pas un lien purement sentimental, mais une union harmonisant les forces, les destins et l'idéal de tous les peuples latins, sans aucune diminution de leur personnalité respective.

Voilà pourquoi la situation internationale qui est faite à la République d'Haïti aura toujours sa répercussion dans toute l'Amérique Latine. Voilà pourquoi Pétion a si généreusement aidé Simon Bolivar et les Dominicains. Voilà pourquoi, en 1861, le Président Geffrard, suivant l'exemple de Pétion, a pris fait et cause en faveur des patriotes dominicains, en envoyant des soldats de la garde présidentielle, les fameux tirailleurs, déguisés en civils, combattre pour empêcher l'annexion de la République Dominicaine à l'Espagne : ce qui, nous le répétons, faillit causer le bombardement de Port au-Prince par la flotte espagnole.

Par Pétion, la République d'Haïti peut donc bien revendiquer l'honneur d'avoir été le premier boulevard, le premier champion de cette *union latine*, qui sera la barrière toujours dressée contre les forces amorales de tous les impérialismes. Alexandre Pétion, *le premier*, a formé le faisceau de solidarité matérielle et morale qui rendra invincibles les nations latines.

Le premier de tous les Latins, Alexandre Pétion a dit, pour parler le langage d'un romaniste français, M. Octavien Bringuier : « Latins, ne faisons qu'un ! Nous sommes tous frères et sœurs. Si nous voulons garder le timon du vaisseau —que le souffle de Dieu promène à travers le monde — si nous voulons l'abondance et la paix, soyons ce que tenaient les licteurs : un faisceau ! » Pétion fit plus, il réalisa dans la conscience universelle ce que la nature avait déjà fait, l'alliage de la race noire avec la race latine. Pétion a tendu la main au héros national vénézuélien que cinq républiques sud-américaines appellent le Père de la Patrie. Cinq peuples libres sont là pour nous dire que c'est Alexandre Pétion qui, le premier, a allumé le flambeau de la *Fraternité Latine* — flambeau incandescent de gloire et d'amour qu'il a passé ensuite à Bolivar et à tous les autres héros de l'Amérique du Sud et du Centre.

La magnanimité et la générosité de Pétion porteront toujours bonheur à Haïti et empêcheront notre pays de mourir dans la lâcheté et la dissolution. Non ! Haïti ne mourra pas comme peuple noir libre, indépendant ! Haïti vivra pour réaliser le beau rêve de Pétion, la réhabilitation morale de la race noire !

La fatalité et nos luttes fratricides ont malheureusement laissé couper l'arbre majestueux de l'Indépendance haïtienne, mais les racines repousseront, plus vigoureuses, plus belles, parce qu'elles sont profondes, nombreuses et indestructibles. Haïti, libre et indépendante, aura sa résurrection glorieuse, comme la Pologne.

Et pour cette œuvre sublime, il suffit d'un effort simple mais continu. Nous autres, patriotes haïtiens, nous nous reportons toujours aux grands souvenirs historiques qui planent sur notre naissance et se rattachent à un fait unique, admirable, sublime, inoubliable, celui d'un groupe d'hommes appartenant à une race jugée méprisable et inférieure, tenus à ce titre dans l'opprobe et l'abjection, voués par leurs exploiteurs à la misère, à l'ignorance perpétuelle, à une existence grossière et toute mécanique, d'une tristesse infinie, qui, un jour, se soulèvent, résolus et courageux, pour conquérir leur liberté et leur titre d'hommes, et parviennent, *livrés à leurs seules forces, sans aide et sans soutien*, à vaincre leurs oppresseurs, à se rendre maîtres du coin de terre témoin de leurs souffrances, à l'ériger en pays libre, à s'y organiser en Etat indépendant et autonome, au milieu de l'hostilité ouverte ou sourde des autres grands Etats chargés de siècles, et finalement à leur imposer, à tous, la reconnaissance et le respect du fait accompli par leur énergique volonté, au nom du Droit humain, de la liberté, de la dignité humaine outrageusement violés.

Cela est admirable ! et quelles que soient les destinées de notre malheureux pays, ce fait restera gravé dans la mémoire des hommes et des fastes de l'éternelle Histoire. Nous nous en souvenons sans cesse, nous y attachons toutes nos pensées, pour y puiser le désir et le courage de remplir nos devoirs patriotiques, et de travailler à l'avancement de la Patrie haïtienne. Nos pères eurent à déployer surtout les mâles vertus du soldat : le courage, l'énergie, la résistance à la fatigue, l'endurance, le dédain de la mort et des tortures physiques, et, grâce à eux, ils ont pu constituer et nous léguer une Patrie, matériellemeut et moralement, car leur legs ne se compose pas seulement de cette féconde et belle terre d'Haïti, ce legs précieux comprend aussi ces glorieux souvenirs d'une indépendance conquise par l'effort de la personnalité humaine comprimée et tendant à la liberté intégrale. C'est un legs indivisible et sacré que nous devons garder et que nous garderons tel, sans la moindre diminution et sans la plus légère souillure, pour le transmettre à nos descendants qui, à leur tour, auront à le garder religieusement, indivis, pur, sans tâche et en accroîtront la valeur pour leurs successeurs. *La Patrie est une association, sur le même sol, des vivants avec les morts et ceux qui naîtront.*

Il y a dans la *Patrie* un élément moral intérieur, une âme dont l'influence est générale et se fait sentir à chacun de ceux dont la réunion constitue cette Patrie, au point de vue moral et matériel. Quand, le 28 juillet 1915, par le fait de nos malheureuses divisions, l'Américain, puissant et armé d'autant de convoitises que de canons, est venu occuper notre sol, en se couvrant du prétexte de l'amitié, notre bonne foi a été surprise et trompée. Désarmés, nous n'avons pu rien faire, car ce serait un suicide stérile, un sacrifice inutile ; tous les vrais Haïtiens ont senti frémir et s'agiter d'indignation, cette âme collective, notre âme nationale, l'âme de Dessalines et de Pétion. Cette âme commune de la Patrie haïtienne est devenue sensible à tous les yeux, et nous l'avons reconnue à bien des choses que nous regardions parfois d'un œil distrait peut-être ou indifférent, et nous la sentons toujours, l'âme nationale, l'âme de la Patrie haïtienne, battre de joie à l'approche du terme de l'occupation américaine civile et militaire — car tout a une fin ici-bas — sachant pertinemment qu'Haïti va remonter le courant de nos déchirements intérieurs pour connaître de beaux jours écoulés dans le Travail, dans la Science, dans la Paix et dans une Liberté digne et honnête.

Le Drapeau rouge et bleu de Pétion reste toujours le symbole palpitant, ailé de la Patrie mutilée, mais résistante, vivante quand même, et en le contemplant, nous voyons voltiger autour de lui, nous indiquant le devoir nouveau à remplir, tous les beaux souvenirs de l'épopée magnifique de l'Indépendance. Nous avons toujours les yeux fixés avec émotion sur le Drapeau rouge et bleu de Pétion dans les plis duquel nous voyons inscrit un nouveau 1804, fait de labeur scientifique, matériel, social et intellectuel, de paix et d'indépendance pleine et entière, c'est-à-dire d'une absolue intégralité, tel que l'avait réalisé Pétion quand il eut fondé avec tant de bonheur et d'humanité la Démocratie haïtienne. Malgré tout, nous sommes les fils des Héros qui, après avoir vaincu Napoléon, ont forgé 1804.

Nous avons confiance dans l'avenir : nous ne désespérons pas de la Patrie haïtienne. Un bienfait n'est jamais perdu. Nous sommes persuadés que la générosité et la magnanimité d'Alexandre Pétion deviendront un jour des bienfaits pour Haïti, c'est comme une semence qui prend du temps pour germer, mais qui germera tôt ou tard, pour produire le fruit d'un concours général efficace de toute l'Amérique Latine. La mémoire de Bolivar y aidera.

Avant tout, nous comptons seulement sur nous-mêmes, sur nos propres forces physiques et morales, sur la puissance de notre hérédité. Nous n'avons qu'à suivre l'exemple de Pétion, qui, *le premier*, après la débâcle de Toussaint-Louverture, organisa la guerre de l'Indépendance en faisant appel à Dessalines, donnant ainsi à tous le modèle de la sagesse, de la grandeur morale, du désintéressement personnel, de l'union, de cette union symbolisée par lui dans le Drapeau rouge et bleu et qui a fait la force triomphant de tous les obstacles.

En attendant, nous pouvons affirmer et répéter solennellement au monde entier avec la sincérité la plus absolue que nous avons confiance dans l'avenir et que nous ne désespérons pas de la Patrie haïtienne, dans l'indépendance la plus intégrale. La République de Pétion ne mourra pas. Haïti vivra, parce qu'Alexandre Pétion, *le Père de la Patrie haïtienne,* est immortel.

La Providence n'a pas envoyé un tel homme en son temps pour en laisser périr la mémoire. Entretenons son culte. Honorons sa mémoire. Puisse son œuvre nous servir d'exemple ! Et que son esprit subsiste, immortel parmi nous.

Haïti veut vivre, et elle vivra ! Tel est le cri d'espérance de tous les Haïtiens.

Dr François DALENCOUR.

1er janvier 1928.

Expédition de Bolivar

PAR

Le Sénateur MARION aîné

Deuxième Edition conforme à l'originale et revue

PAR

Le Docteur François DALENCOUR

Le général Ignace MARION

1777-1831

qui, en sa qualité de commandant de l'arrondissement des Cayes, Haïti, a accueilli Simon Bolivar et tous ses compagnons dans cette cité hospitalière dans leur premier voyage en Haïti au début de l'année 1816.

Le général MARION fut aussi un des glorieux signataires de l'Acte d'Indépendance d'Haïti Il fut un noble cœur et un grand administrateur. La mémoire du général Marion est en telle vénération aux Cayes, que l'on considère comme un sacrilège de marcher sur sa pierre tumulaire qui se trouve à l'intérieur de l'Eglise de cette ville.

NOTICE PRÉLIMINAIRE

La première page de couverture du petit livre du regretté Sénateur Marion aîné était ainsi libellée :

Expédition

de

BOLIVAR

Par le Sénateur MARION aîné (1)

AU PORT-AU-PRINCE

De l'Imp. de Jh. COURTOIS

DÉCEMBRE 1849

Cette édition originale s'est bien conservée, elle est intacte, les pages sont simplement un peu jaunies après 79 ans d'existence. Ce petit livre se trouvait dans la bibliothèque de feu Linstant-Pradines, notre célèbre jurisconsulte. Pendant l'incendie qui menaçait sa maison. Linstant-Pradines, aidé du regretté Sémexant Rouzier, notre vaillant bibliophile, qui conduisit lui-même le calvouet transportant ses livres, fit déposer le tout au Séminaire, et parmi ceux qui furent sauvés, se trouvait, par un miracle providentiel pour ce pays, le petit livre dont nous donnons aujourd'hui la deuxième édition. Autrement, beaucoup de documents relatant ce grand évènement eussent été entièrement perdus. C'est une preuve que Dieu aime beaucoup Haïti. La belle et grande mémoire d'Alexandre Pétion est désormais impérissable, On conspirera en vain

(1) Marion aîné est le fils du général Marion. Il fut constituant en 1843 et sénateur sous l'empire de Soulouque. C'est à cette époque, en 1849, qu'il écrivit ce charmant petit livre qui perpétue avec d'autres rares documents à travers les âges la bonté inépuisable de Pétion.

pour étouffer les grâces du bienfait réalisé par Pétion. Un jour ou l'autre, ce bienfait portera ses fruits, pour le bien du peuple haïtien.

Dr François DALENCOUR

Avertissement

L'expédition que les patriotes de Vénézuela et de la Nouvelle Grenade, formèrent aux Cayes en 1816, pour aller délivrer leur pays du joug de l'oppression, fut une entreprise trop héroïque et trop généreuse en même temps, et elle a obtenu des résultats d'une trop haute importance pour que ses moindres circonstances ne deviennent aujourd'hui un objet absolument intéressant et digne de publication. Sans doute, beaucoup de personnes peuvent ne point ignorer que cette expédition n'aurait pu s'effectuer sans les secours qui ont été si généreusement accordés par notre gouvernement au général Bolivar ; mais peu savent quelle est la nature, la mesure de ces secours, et surtout quelle sollicitude, quelle heureuse influence exerça le président Pétion, pour rappeler l'union et la concorde parmi ces enfants de la liberté, qui divisés par l'inimitié ou la jalousie des chefs, allaient nécessairement se fractionner en différents partis. Le citoyen Marion aîné, possesseur d'un bon nombre de documents relatifs à cette expédition, a cru devoir, dans l'intérêt de son pays, entreprendre de donner des détails satisfaisants sur ces différents points dans la relation qu'il offre aujourd'hui au public. Cet ouvrage, qui est divisé en chapitres, contient non seulement les faits qui se sont accomplis dans le pays, mais encore l'historique des évènements antérieurs qui ont précédé la chute de Carthagène. Et il y est inséré des pièces justificatives d'un très grand intérêt.

L'auteur, qui s'est renseigné à une assez bonne source (1) a dû prendre les faits d'un peu haut, afin de faire connaître les véritables causes qui amenèrent les vicissitudes des patriotes, et par suite leur émigration sur le territoire haïtien.

On croit devoir prévenir que ce petit ouvrage a été composé depuis 1842, et que des circonstances indépendantes de la volonté de l'auteur en ont seules retardé jusqu'ici la publicité.

Il proteste d'avance contre toute fausse interprétation que l'erreur ou la malveillance pourrait attacher aux réflexions que parfois il mêle épisodiquement aux faits. Elles ne lui ont été suggérées que par l'amour du bien, et sont le résultat de ses convictions.

(1) *Histoire de Bolivar* par Ducoudray-Holstein.

CHAPITRE I

Après la bataille de la Puerta, qui eut lieu le 14 Juin 1814, et où les royalistes espagnols sous la conduite de Boves triomphèrent des armées réunies de Bolivar et de Marinno, dictateurs, l'un des provinces orientales et l'autre, des provinces occidentales de Vénézuela, ces deux chefs qui venaient à peine d'opérer leur jonction, se trouvèrent dans la nécessité de se séparer aussitôt. Marinno prit la route de Cumana, et Bolivar se retira précipitamment vers Caracas, pour tâcher de rallier de nouvelles forces et organiser une défense qui pût mettre cette capitale à l'abri des atteintes de l'ennemi. Mais la victoire que Boves venait de remporter était telle qu'il put avoir toutes les facilités de poursuivre sa marche triomphale ; puisque tout-à-coup maître des fertiles plaines d'Aragua, il interceptait presque toutes les communications de la capitale, la séparait des troupes républicaines qui formaient le siège de Porto-Cabello, et l'isolait enfin des villes de l'intérieur qui, par leur position, pouvaient plus prochainement concourir à sa défense. Cependant, l'intrépide Ribas à qui Bolivar avait confié le commandement de Caracas, crut devoir tenter quelques efforts pour arrêter la marche de l'ennemi ; et, quoique avec des forces inférieures, il se précipita courageusement sur une de ses colonnes commandée par Mendoza, qu'il mit aussitôt en complète déroute, mais peu après, battu à Antimano par Gonzales, et forcé à la retraite, Caracas dut bientôt retomber sous le joug, et devenir de nouveau la proie de ses abominables tyrans.

Bolivar qui s'était flatté de trouver dans sa ville natale des ressources suffisantes pour pouvoir continuer la campagne, et réparer enfin ses revers, ne tarda pas, en y arrivant, de voir toutes ses espérances déçues. La ville manquait de tout, et d'un autre côté le mécontentement et le découragement avaient singulièrement attiédi ce zèle enthousiaste qui naguère encore, animait les habitants de cette ville, justement appelée le foyer de la liberté colombienne. Dans cet état de choses, et sur un pareil terrain surtout, il n'était guère possible à Bolivar, de résister à un ennemi dont les forces étaient supérieures, et les progrès tellement rapides qu'il mettait en défaut toutes ses combinaisons stratégiques ; et comme il n'eût pas été d'ailleurs prudent de sa part de se laisser cerner dans une ville ouverte, sans fortifications et mal approvisionnée, le dictateur dut se décider à abandonner le siège de son commandement, oú, un an auparavant, il s'était vu saluer en triomphateur, et accueillir avec les démonstrations de la plus tvive joie. Il fit donc évacuer Caracas et Laguira, et se retira avec ce qu'il put réunir de troupes vers Barcelona.

Mais il ne tarda à essuyer une nouvelle défaite à Arguita, bourgade peu distante de cette ville où il perdit quinze cents hommes environ, son artillerie, son bagage et mille fusils. Ce malheureux évènement mit le comble à son infortune, et ruina toutes ses espérances.

Nous allons laisser parler Bolivar lui-même, (1) exposant les embarras de sa retraite à Barcelona, et expliquant ensuite les motifs de sa fuite de Cumana avec son collègue San-Yago Marinno :

« On commença le 7 juillet à faire les préparatifs de dé-
« part, mais le nombre prodigieux des personnes qui sui-
« virent l'armée et qu'il était de notre devoir de protéger,
« la grande quantité de bagage, le manque de chevaux pour
« le transporter, et le mauvais état des routes firent naître
« tant d'embarras et d'inconvénients que malgré toute la
« célérité possible, on ne mit pas moins de vingt jours pour
« arriver à Barcelona.

« Le général Marinno, dictateur des provinces orienta-
« les de Vénézuela avait déjà réuni dans la ville d'Aragua,
« sur la lisière des plaines de Caracas, toutes les troupes
« que pouvaient fournir ces provinces pour continuer la
« guerre : mais ces revues étaient levées à la hâte et indis-
« ciplinées, il était donc nécessaire de les instruire avant
« l'ouverture de la campagne. Il s'occupait de ce soin,
« quand il reçut la nouvelle que l'ennemi s'était emparé de
« Chaparro, village situé à dix lieues d'Aragua. L'armée
« républicaine ne montait pas alors à quinze cents hom-
« mes d'infanterie et à sept cents de cavalerie, tandis que
« l'ennemi avait plus de trois mille hommes de toute arme.

« Les indépendants protégeaient la ville d'Araura cou-
« verte par la rivière du même nom, qui était si grosse à
« cette époque de l'année qu'il était impossible de la passer
« à gué. Le 17 Août, le général Bolivar apprit que sa
« grande garde placée pour défendre le poste principal où
« l'on pouvait traverser la rivière, s'était retirée, et que
« l'ennemi avait passé aussitôt. Le bataillon de chasseurs
« qu'il dépêcha pour s'emparer de nouveau de ce poste,
« s'égara malheureusement et laissa le passage libre à l'en-
« nemi, qui bientôt vint très près de la garde qu'on avait
« chargé de protéger l'entrée de la ville. L'action s'engagea
« par un feu terrible de mousqueterie qui dura plus de
« quatre heures ; mais les cartouches vinrent à manquer
« aux défenseurs d'Aragua, quand un principal corps de
« l'ennemi qui n'avait pas encore donné faisait des dispo-
« sitions pour continuer l'attaque. Dans cette conjoncture
« difficile, que pouvait-on faire de mieux que d'essayer de
« sauver quelques troupes ? Le général Bolivar s'avança à
« la tête d'un piquet de cavalerie pour s'ouvrir la route de

(1) Mémoire publié par Bolivar à Carthagène.

« Barcelona qu'on disait coupée par l'ennemi. Le reste de « l'armée devait suivre la même direction, mais ces trou- « pes étaient des recrues qui lorsqu'elles eurent cinq ou « six hommes de tués ou de blessés, s'enfuirent saisies « d'une terreur panique. La plupart des chefs de bataillon « avaient été tués dans l'action, ce qui augmentait la « difficulté de la retraite, qui s'effectua dans le plus grand « désordre sur Barcelona et San Mateo. Ainsi furent dé- « truites toutes les espérances de relever les forces de la « République de Vénézuela.

« Le général Bolivar arrive à Barcelona qu'il trouva insurgée. Là il réunit le peu de troupes qui l'avaient suivi et dirigea sa marche sur Cumana, à la suite des familles qui avaient quitté Caracas. La peur avait saisi tout le monde, et chacun ne pensait qu'aux moyens de fuir plus vite. Les troupes, qui s'étaient aperçues du danger, étaient les premières à prendre la fuite, et la confusion fut si grande que de sept cents hommes d'infanterie qui partirent de Barcelona, il n'en resta pas deux cents réunis en corps.

« Aussitôt que le général Marinno eut appris la perte qu'avait essuyée l'armée d'Aragua, il s'occupa de pourvoir à sa sûreté, mais il se vit bientôt abandonné par ses troupes et même par le commandant du fort Cumant,qui s'était embarqué à bord de l'escadre sans permission de son chef, avant l'arrivée de Bolivar, qui eut lieu dans la nuit du 25 août. L'avis qui fut donné aux dictateurs que le chef de l'escadre Joseph Bianchi avait la perfide intention de mettre à la voile cette nuit même, sans ordre ou permission du gouvernement ou plutôt de Marinno, qui lui avait confié le trésor et une grande quantité de munitions,força les généraux en chef de Vénézuela de s'embarquer, afin de sauver leur fortune.

« Quand ils arrivèrent à Margarita et ensuite à Carupano ils trouvèrent ces pays livrés à l'anarchie, conséquence fatale des vues séditieuses de quelques chef militaires dont l'ambition ne tendait à rien moins qu'à s'élever eux-mêmes au rang des premiers magistrats de leur pays. Après avoir proposé tous les moyens de conciliation que la prudence pouvait dicter, mais inutilement, à cause de l'obstination de ces méprisables intrigans, les deux dictateurs s'étaient résolus, pour ne pas compromettre leur dignité, et pour épargner à leur pays des déchirements intérieurs, à quitter Vénézuela pour se rendre à Carthagène. De là ils iraient prendre le commandement de l'armée du général Urdaneta qui occupait les provinces occidentales de Vénézuela, et s'efforceraient d'opérer dans leur marche l'entière délivrance de la Nouvelle Grenade ».

On voit qu'en quittant le port de Cumana, ces deux dictateurs voyagèrent positivement en fugitifs, et qu'ils n'eurent pas beaucoup à se louer de l'accueil que leur fit le général Arismendi à la Marguerite ni non plus des procédés du colonel Bernudes à Carupano. Ce dernier qui était parfois très violent, s'emporta, dit-on, jusqu'à les traiter de poltrons, en les menaçant de les faire traduire devant un conseil de guerre comme des déserteurs qui avaient lâchement abandonné leurs troupes.

Repoussés par leurs propres compatriotes, en butte aux mépris des militaires, leurs subalternes, dont ils ne pouvaient plus espérer de raviver la confiance, les dictateurs durent se résoudre à quitter le sol de la patrie, s'imposant ainsi un dur et pénible ostracisme.

Quoique, par suite des défaites essuyées par ces deux généraux en chef de Vénézuela, les points les plus importants de cette ancienne capitainerie générale fussent tombés tout-à-coup au pouvoir de l'ennemi, il s'en fallait pourtant de beaucoup que la cause des indépendants fût alors entièrement ruinée dans cette partie. Les villes, il est vrai, étaient entre les mains des Espagnols, mais l'intérieur offrait encore aux patriotes des ressources immenses ; les populations pouvaient être subjuguées, mais nullement soumises en bien des endroits, et si, au lieu de prendre un parti aussi désesperé que celui de s'embarquer sur le *Bianchi*, Bolivar et Marinno eussent gagné l'intérieur avec les débris de leurs armées, comme l'honneur le leur prescrivait, et comme l'ont très bien fait, les Ribas, les Piar, les Villapol, les Paëz, les Urdaneta, et tant d'autres chefs valeureux, ils eussent pu, sans nul doute, par cette grande influence que leur donnait une haute position politique, rallier aisément autour d'eux des forces nombreuses qui, bien dirigées ensuite, eussent été plus que suffisantes pour harceler les troupes espagnoles disséminées sur une grande étendue, et les exterminer en détail. Mais malheureusement, au génie des combats qui leur manquait, à l'absence de ces inspirations soudaines qui font quelquefois ressaisir la victoire prête à s'échapper, et qui, même dans le revers, savent encore enfanter des prodiges, d'heureuses combinaisons qui réparent ou pallient les défaites ; à tout cela se joignaient un défaut de résolution, et un manque de concordance et de suite dans les opérations militaires, qui, au rapport des personnes compétentes, leur a fait perdre à diverses époques, les plus belles occasions d'anéantir les forces de l'ennemi, et qui, par la suite, a fait tout le succès de celui-ci.

La fuite des dictateurs à Cumana a été donc une faute capitale, et quels que soient les prétextes dont ils aient voulu la couvrir, elle demeura pour eux une tache indélébile, que ni le temps, ni leurs succès ultérieurs ne purent entièrement effacer, car il s'en suivit immédiatement des maux incalculables; des conséquences funestes à la cause de l'indépendance, et qui en retardèrent longtemps le triomphe.

CHAPITRE II

Bolivar et Marinno arrivèrent à Carthagène dans le courant de Septembre 1814. Ils y furent parfaitement accueillis. Leurs revers n'avaient rien diminué de cette haute condidération attachée à leurs noms, de cette estime qu'on leur portait généralement, et que du reste ils méritaient, car ces deux hommes, après tout, avaient rendu d'importants services à leur pays, avaient fait à la cause de l'indépendance les plus grands comme les plus généreux sacrifices ; et Bolivar, surtout, était recommandable par son éducation et ses manières toutes gracieuses qui prévenaient beaucoup en sa faveur.

A cette époque, la province de Carthagène faisait partie de la République de la Nouvelle-Grenade : c'était une union fédérale composée de huit provinces dont le siège était alors à Tunja. Un Congrès, qui réunissait en lui seul les pouvoirs législatif et exécutif, avait la haute direction des Etats de l'Union, dont chacun possédait d'ailleurs une administration particulière. Cundinamarca, la plus riche, comme la plus fertile province de l'ancienne vice-royauté, et quelques autres qui s'étaient jointes à elle, formaient un Etat séparé, n'ayant point voulu adhérer au pacte d'union qui liait les huit provinces fédérées ; circonstance qui avait entraîné des dissentions graves, nuisibles à la prospérité de la cause commune, et qui subsistaient encore lors de l'arrivèe des ex-dictateurs.

Le gouvernement provincial de Carthagène était composé d'un Président et d'un vice-Président. élus par l'assemblée des Représentants du Peuple ; d'un général en chef commandant l'armée de la province, et d'un président de la Haute Cour de Justice. Il y avait en outre un corrégidor, chef de la police. Manuel Rodriguez Torrices, était président, et Manuel Castillo, son parent, général en chef.

Le président fit aux ex-dictateurs un accueil tout bienveillant et amical. C'était un homme doux, humain, d'une humeur égale, et surtout d'une profonde sagesse. Quoiqu'il fût d'un âge assez avancé, l'amour du bien public fut pour lui un tel stimulant qu'il put supporter sans fléchir le lourd fardeau des affaires publiques, dont il fit l'occupation de tous ses instants. Et assurément ce n'était pas peu de chose que d'avoir pu, dans un temps de révolution, maintenir, comme il le fit, la paix et l'union parmi ses administrés, et les préserver des dissentions intestines, dont les autres provinces n'avaient pu toujours se garantir. Il sut dès son avènement inspirer assez de confiance aux étrangers pour les faire affluer dans sa ville, et y porter leurs industries. Le commerce était partout languissant, et il put bientôt le raviver par des encouragements et tous les genres de protection dont il s'empressa de l'environner. Car il comprit bien que ce lien des rapports entre les peuples, était aussi une des sources les plus fécondes de leur prospérité, comme un des véhicules les plus propres à hâter et développer leur civilisation. Tels sont en résumé les bienfaits que peu de temps lui suffit pour procurer à son pays, et qui lui valurent l'estime et la vénération de tous les hommes de bien.

Torrices était déjà revêtu de cette haute fonction de président, quand Bolivar, n'étant que lieutenant-colonel, vint en 1812 offrir ses services au gouvernement de la province, et c'est lui-même qui l'éleva au grade de colonel, et lui facilita en 1813 les moyens d'effectuer sa mémorable expédition contre Caracas, qui fut couronnée de tant d'heureux succès, et qui jeta les fondements de sa brillante renommée. (1)

---

(1) Au commencement de janvier 1813, Bolivar, secondé par son cousin Félix Ribas, forma une expédition de 300 hommes environ, composée des Caraquins qui se trouvaient à Carthagène et de quelques étrangers, pour aller délivrer son pays de la tyrannie espagnole. Le président Torrices, qui avait approuvé hautement cette résolution, fit fournir à Bolivar tout ce qui lui était nécessaire pour cette entreprise, des armes, des munitions, de l'argent, des provisions, etc., et lui donna en outre pour auxiliaire un corps de troupes de 500 hommes, sous le commandement du colonel Castillo, son parent. Après quelques jours de marche, il s'éleva entre ces deux officiers une contestation relative au commandement qui fut poussée fort loin. Le Colonel Castillo prétendait au commandement exclusif de la troupe de Carthagène, parce que c'était à lui, disait-il, que le président, avait confié les 500 hommes. Mais Bolivar lui répliquait que le même président l'avait autorisé à commander en chef toute l'expédition, et partant qu'il se trouvait sous ses ordres. Cette mésintelligence entre ces deux chefs ne tarda pas être partagée par leurs troupes respectives, de telle sorte qu'il ne fallait pas grand'chose qu'elles ne vinssent, des paroles insultantes, à des voies de fait. Au lieu de s'appliquer, comme il aurait dû le faire, à calmer l'irritation de ses soldats qui, en raison de leur nombre, se montraient plus provocateurs, Castillo rebroussa chemin tout-à-coup, revint à Carthagène. Là il excusa sa désertion, en disant que le caractère hautain et despotique de Bolivar ne pouvait s'accorder avec le sien ; et chose étrange, cette désertion demeura impunie. Bolivar, réduit à ses seules forces, était désespéré ; il pensait même à s'en retourner à Carthagène, pour obtenir d'autres renforts, s'il se pouvait, lorsqu'il se laissa enfin persuader par Ribas et Bricenna, ses deux principaux lieutenants de continuer sa marche du moins jusqu'à Tunja, où était alors établi le congrès de la Nouvelle-Grenade, et que là il trouverait des secours immanquablement. En effet, embarqué avec sa petite troupe sur la Magdeleine, il arriva bientôt à Monpox où il fut accueilli parfaitement. Il y trouva de l'argent, des provisions et quelques centaines de recrues. A Tunja où il arriva ensuite, il n'eut qu'à se louer des bons procédés du congrès qui l'éleva, ainsi que Ribas, au grade de général et lui

On touchait à l'époque du renouvellement des membres du gouvernement, et l'assemblée législative de la province allait incessamment se réunir pour y pourvoir. Tout était alors mouvement et agitation. On conçoit que dans une pareille conjoncture, chacun devait en effet s'exécuter, employer tous les moyens pour tâcher de faire triompher son parti, ainsi que cela arrive souvent dans les états populaires. A la tête donc d'une puissante faction dont le but ostensible était depuis longtemps de s'emparer du pouvoir, et qui prenait de la circonstance une nouvelle activité, se trouvaient les frères Pinerès, German et Gabriel. Ces deux personnages qui ne rêvaient, ne pensaient qu'aux moyens de concentrer tous les pouvoirs dans leur famille, d'une condition très inférieure, s'étaient rapidement élevés, depuis la révolution, à une haute position sociale ; l'un était vice-président du gouvernement, et l'autre président de la Haute-Cour de Justice, quoiqu'ils n'eussent pourtant aucun mérite transcendant, mais ils étaient intrigants, et ils possédaient en souplesse, en flatterie, en ruse, en délation tous les menus talents de la médiocrité. C'est par de tels moyens que ces deux individus étaient parvenus à se frayer le chemin des honneurs et des dignités, et à acquérir une immense fortune qui leur servit à se faire des partisans surtout dans la populace. Les gens de bien, ceux du moins qui étaient assez clairvoyants pour ne pas se laisser abuser par leurs dehors trompeurs et astucieux, ne les considéraient que comme des êtres dangereux, et redoutaient leur ambition.

Ce fut sans doute une circonstance fâcheuse pour Bolivar que de s'être trouvé dans des rapports d'une trop grande intimité avec les frères Pinerès dès son arrivée : car on verra bientôt combien cette intimité influa sur sa conduite, qu'elle l'aveugla jusqu'à le porter à l'oubli de toutes les convenances.

Dans un de ces moments d'effusion qui n'arrivaient que trop fréquemment entre ces chauds amis, et où ils s'entretenaient toujours des affaires politiques, Gabriel exposa enfin à Bolivar ses vues à l'égard de la présidence, en lui proposant de lui faire avoir la place de général en chef, s'il voulait consentir à servir ses intérêts, c'est-à-dire appuyer ceux de ses partisans qui travaillaient à le placer à la tête du gouvernement. On s'attend sans doute à apprendre que Bolivar, indigné, rejetât avec mépris cette dégoûtante proposition ; mains non, il l'accepta, au contraire sans témoi-

---

procura de nouveaux secours. Au récit des vexations et des cruautés exercées par les Espagnols sur les habitants de Venézuela, on fut saisi d'une telle indignation que des volontaires vinrent de tout côté grossir la troupe de Bolivar qui s'éleva en peu de temps à plus de 2000 hommes. C'est avec ces forces qu'il marcha de succès en succès jusqu'à Vénézuela dont il s'empara de la capitale, ainsi que des principaux points du pays.

gner le moindre scrupule. Ce fut certainement de tous ses torts le plus grand : car d'abord, comme étranger, les convenances exigeaient qu'il gardât au moins la neutralité ; et ensuite la reconnaissance est un sentiment si beau, si noble qu'on a droit de s'étonner qu'il eût pu l'étouffer au point de consentir à agir contre les intérêts du président Torrices, d'un homme dont il avait reçu des bienfaits et, à qui d'ailleurs on ne pouvait rien reprocher, si ce n'est d'avoir usé de trop de patience et de modération à l'égard de deux ambitieux dont les intrigues et les machinations ne tendaient qu'à précipiter le pays dans l'anarchie, et par suite dans toutes les calamités dont l'imagination puisse s'effrayer (1).

Quelques personnes ont prétendu, et cela ne justifie pas davantage Bolivar, qu'en acceptant un rôle si peu digne de lui, il songeait à la possibilité de se faire dictateur, pour ensuite employer les ressources de la province à la délivrance de sa propre patrie. Quelque chose qu'il en fût, on est fondé à croire, en effet, qu'un homme de ce tempérament ne pouvait consentir à tenir un rang secondaire que provisoirement.

La parole de Bolivar une fois engagée, le logement qu'il occupait ne fut plus qu'un centre d'activité pour la conjuration. Là, se réunissaient les membres les plus influents de ce parti, comme se discutaient les moyens divers dont le succès de l'entreprise pouvait nécessiter l'emploi. Mais le parti de Torrices ne s'était point non plus endormi, il s'était recruté non seulement des ennemis des Pinerés, mais encore de tous ces hommes paisibles et consciencieux, qui, contents du présent et de leur position, redoutent toujours les innovations qu'on cherche à introduire. Au surplus la force armée, commandée et dirigée par un parent du président, allait être au besoin un auxiliaire solide pour ce parti. Tel était l'état des choses, quand arriva enfin le jour des élections.

Mais un incident malencontreux qui survint semblait un instant devoir servir la cause des Pineres. Le président était retenu au lit par une indisposition subite, et ne pouvait point se rendre à l'assemblée pour en faire l'ouverture, ainsi que cela se pratiquait ; et le vice-président, appelé tout naturellement à le remplacer, allait donc profiter de tout l'avantage de cette position. On devine aisément qu'elle dut être sa joie, son extrême bonheur.

A l'heure fixée pour la réunion, un nombreux cortège composé des employés civils et militaires, et quelques étrangers de marque, s'assemble en conséquence chez le vice-président, et de sa demeure l'accompagne en grande solennité au palais de l'ex-Inquisition, devenu le siège de

(1) Il existait alors à Carthagène beaucoup de Vénézuéliens, naturellement sous l'influence de Bolivar, c'était sur leur concours que les Pinerès comptaient surtout en voulant avoir ce général dans leur parti.

l'assemblée. Là, il est reçu avec tous les honneurs dus à son rang. Après qu'il eut prononcé son discours d'ouverture, chef-d'œuvre du pathétique, où, faisant un étalage de beaux, de sublimes sentiments, il se donnait pour le plus grand patriote, le citoyen le plus sincèrement attaché au bien-être de son pays, divers orateurs dévoués à sa fonction, se succèdent à la tribune, et pérorent dans le sens de ses intérêts. Toutefois, et lorsque tout semblait lui sourire, lui promettre le plus complet succès, il n'obtient qu'une faible minorité séduite ou circonvenue par ses intrigues. La grande majorité, restée fidèle à l'honneur, proclame bientôt Manuel Rodriguez Torres président, et don Juan de Toledo, vice-président.

Frustrés, par cette défaite, dans leurs plus chères et leurs plus flatteuses espérances, les Pinerés sont comme frappés de la foudre, il semblent anéantis, pour ainsi dire ; mais le moment d'après, revenus en eux, et s'abandonnant à toute l'exaltation de la colère et de l'indignation, ils protestent, crient à la violation de la loi, font en un mot de grands mouvements. A les entendre, la force armée avait été assemblée expressément pour comprimer la liberté des opinions, toutes les règles avaient été méconnues et l'ordre social sapé enfin dans ses principes constitutifs. Mais de ces clameurs furibondes et séditieuses, il ne résulta rien de fâcheux heureusement, car les précautions les plus sages avaient été prises à l'avance, afin qu'aucune atteinte ne pût être portée à l'ordre et à la tranquillité publique.

Les efforts de la faction réduits ainsi à l'impuissance, il ne fut plus possible à Bolivar de rester plus longtemps dans une ville où il avait agi si ostensiblement contre ses premières autorités. Il s'empressa donc de quitter Carthagène, pour se rendre à Tunjà, lieu où siégeait le gouvernement central, ainsi que nous l'avons déjà dit.

CHAPITRE III

La renommée de Bolivar l'avait devancé dans la capitale de l'Union, où il arriva le 22 Novembre 1814. Sa présence y excita une vraie explosion d'allégresse. Les membres du Congrès, comme les particuliers lui firent l'accueil le plus distingué. Chaque jour était une fête à son intention, et amenait des divertissements variés, différents de ceux de la veille. Son éloge était dans toutes les bouches, des protestations lui arrivaient de toute part ; enfin, il n'est sorte de congratulations qu'on ne s'était empressé de prodiguer à l'homme providentiel dont la venue était considérée comme un des plus heureux évènements.

Si pourtant quelques personnes mieux renseignées sur le compte du général, ou qui le connaissaient plus particulièrement, élevaient parfois la voix pour interrompre ce concert incessant de louanges qu'on lui prodiguait avec emphase ; si elles osaient dire que cette renommée dont il jouissait avec tant d'orgueil et de bonheur, n'était, après tout que chose factice, et que sous le masque du patriotisme, le ci-devant dictateur cachait une ambition démesurée, et des vues personnelles qui ne pouvaient point s'allier avec les vertus et les sentiments d'un vrai républicain, aussitôt leur voix était foulée, étouffée par les exclamations de la jubilation publique. On citait avec complaisance ses hauts faits, on ne tarissait plus sur la brillante marche qu'il exécuta de Carthagène à Caracas en 1813, et qu'on signalait comme une des entreprises militaires les plus heureuses comme les plus étonnantes. Enfin on faisait à Bolivar l'honneur de le comparer au plus célèbre capitaine de l'antiquité et des temps modernes et l'enthousiasme public, ou plutôt l'ivresse de l'admiration était portée à un tel point qu'on ne voyait que lui seul capable de donner une bonne direction aux opérations de la guerre. Aussi s'empressa-t-on de le nommer généralissime de toute les troupes patriotes, sous le titre de capitaine-général de la Nouvelle-Grenade et de Vénézuela.

La première opération qu'il eut à exécuter fut de marcher contre la ville de Santa-Fé de Bogota, chef lieu de la province de Cundinamarca, et capitale de toute la Nouvelle-Grenade, afin de la contraindre par la force à se soumettre au gouvernement central, dont elle déclinait depuis longtemps l'autorité. Cette mesure était de la plus haute importance dans un moment où la république devait faire de grands efforts, et où, par conséquent, l'union de toutes ses forces devenait une nécessité pressante. Car des nouvelles d'Europe, fraîchement reçues, annonçaient qu'une expédition formidable se préparait avec la plus grande célérité dans le port de Cadix, et quelle était destinée à venir renforcer à la Côte-Ferme, ceux qui soutenaient la cause de l'oppression et de la tyrannie. Il était donc important que les divisions intestines, que ces querelles de famille qui avaient consumé un temps précieux, qui eut dû être employé contre l'ennemi commun, cessassent sans plus de retard, et qu'aux voies de conciliation et de douceur, jusqu'alors employées infructueusement, on fit succéder enfin les moyens énergiques de la force.

Bolivar n'eut pas grand'peine à réduire Bogota, car ne possédant alors aucune de ces fortifications permanentes qui puissent mettre une ville à l'abri d'un coup de main ni un état militaire suffisant pour résister au choc d'une armée régulière, bien disciplinée et pourvue de toutes choses, elle fut prise au premier assaut donné. Cette facile conquête détermina bientôt la soumission de toute la province, et, à l'exemple de Cundinamarca, les autres départements qui avaient épousé sa querelle, se rangèrent aussi sans difficulté sous les bannières du Congrès.

Peu après, sur l'invitation de la junte centrale de Bogota, le Congrès rétablit son siège dans cette capitale, qu'il avait été obligé d'abandonner dans les derniers jours de 1811, afin de se soustraire aux effets des manœuvres criminelles d'Antonio Marino, président alors de la province. (1)

L'heureuse pacification qui venait de s'opérer fit sentir à cette Assemblée la nécessité de quelques réformes, que l'opinion réclamait depuis longtemps, et qu'elle s'empressa alors d'exécuter à la grande satisfaction de tous les Etats. Plusieurs lois reconnues abusives furent abolies ; le titre de Président de province, fut remplacé par celui de Gouverneur ; un conseil ou convention, composé de trois membres, fut créé pour exercer le pouvoir exécutif dont le congrès s'était jusqu'alors réservé la direction lui-même non, toutefois sans beaucoup d'inconvénients. Il est impossible, en effet, qu'une assemblée délibérante, toujours occupée de graves discussions législatives puissent être encore chargée de l'exécutif, dont les ramifications infinies exigent une sollicitude toute spéciale ; et sans compter les dangers qui tôt ou tard, peuvent résulter pour les garanties d'un peuple de l'accumulation de tous les pouvoirs entre les mêmes mains, il est indubitable que l'administration de la chose publique n'en peut que languir, que souffrir.

Libre désormais de tout souci, comme de toute entrave, le gouvernement fédéral dut penser alors à tourner tous ses efforts contre l'ennemi commun, et la ville de Sainte-Marthe, occupée par les Espagnols, dut tout d'abord fixer son attention. La possession de cette place était de la plus haute importance pour la République, car située à l'embouchure de la Magdeleine qui ouvrait la route des provinces de l'intérieur, et de la ville de Bogota, elle donnait à l'ennemi de grands avantages commerciaux, et en même temps toutes les facilités de nuire aux communications des patriotes. Il fut donc décidé que Bolivar s'en emparerait immédiatement. A cet effet, on s'empressa de faire de grands préparatifs, et de pourvoir l'armée expéditionnaire de toutes les choses que l'on crut nécessaires à cette entreprise. Après quoi, on fit partir le capitaine général pour la ville de Hunda, située sur le bord de la Magdeleine, où il s'embarqua bientôt avec son armée sur de grandes barques qu'on y avait fait préparer.

Bolivar débarqua à Monpox, ville pleine d'agréments située sur l'île de la Magdeleine, et au pouvoir des patriotes.

---

(1) Marino qui avait des idées aristocratiques s'efforçait d'entraver les opérations du Congrès.

Il y séjourna quelque temps au milieu des fêtes et des réjouissances de tous les genres que les habitants s'étaient empressés de lui préparer à l'envi. Ces estimables citoyens dont le mâle courage dût triompher plus tard des forces espagnoles et libèrer leur ville du joug de la tyrannie, étaient ivres de joie à l'idée de la prise prochaine de Sainte-Marthe, et des avantages qui allaient en résulter pour leur commerce, si circonscrit par la difficulté des communications.(1) Ils exhortèrent donc Bolivar à ne pas différer l'exécution de l'entreprise qu'ils montrèrent facile par le mauvais état des fortifications, et l'exiguité de la garnison de cette place, s'offrant d'y concourir eux-mêmes de tous leurs moyens.

Mais malheureusement Bolivar avait pris logement chez Célédonio Pinèrès, homme trés insinuant qui avait un intérêt actuel à l'en dissuader. Il était le chef du corps municipal de Monpox, et l'aîné de German et Gabriel Pinèrès, dont nous avons eu déjà occasion de parler. Comme il pouvait avoir de fréquents entretients avec le général, il ne manqua point de le mettre bientôt au courant de tous les évènements survenus à Carthagène depuis son absence, et de l'intéresser vivement au sort de ses frères, déportés de cette ville par ordre du Général Castillo. Mais voyons un peu comment cela arriva.

Après le départ de Manuel Rodriguez Torrèces pour Tunja, où il était appelé pour faire partie de la convention exécutive, Jean de Dios Amador l'avait remplacé en qualité de gouverneur de la province. Quelques mois étaient à peine écoulés depuis l'avènement de celui-ci, que la faction des Pinerès qu'une première défaite n'avait point dégoutée de son projet, et qui n'attendait sans doute pour l'excécuter qu'une occasion propice, crut la trouver dans l'absence du Général Castillo, qui était allé camper à Baranquille avec son armée. Cette circonstance, en effet, laissait à la faction les moyens de tout oser. Elle parvint donc un jour, à force de monœuvres et d'intrigues, à exciter un mouvement séditieux dans la ville, dont elle profita aussitôt pour déposer le gouverneur et s'emparer de l'autorité. A cette nouvelle, le général Castillo, justement indigné d'un tel attentat, et pouvant compter sur la majorité des habitants, se met à la tête des troupes et marche sur Carthagène. A son apparition les factieux se dispersent et les portes lui sont ouvertes. Il se saisitaussitôt des principaux membres de cette faction, au nombre d'une vingtaine, qu'il fit déposer dans les prisons de l'inquisition; et quel-

---

(1) Les femmes de cette île partageaient l'enthousiasme de leurs maris. Ce fut là que dans la nuit du 16 Juin 1816 400 espagnols bien armés et bien disciplinés, que Morillo y avait envoyés tenir garnison, furent massacrés à l'instigation et avec la participation de ces femmes courageuses.

ques jours après ils furent tous déportés hors du territoire de la province. Et quand tout fut tranquille, que l'ordre eut repris son cours naturel, il rétablit le gouverneur légitime dans l'excercice de ses fonctions.

Célédonio que l'exil de ses frères affligeait profondément, et qui, pour ce motif, vouait une haine incaplacable à Castillo, employa donc tous les moyens de séduction que sa position et son éloquence lui fournissaient, pour persuader Bolivar de la nécessité d'aller à Carthagène tirer vengeance de ce qu'il appelait un crime inoui. Soit que les ressentiments que Bolivar entretenait lui-même contre ce général l'aveuglassent dans ce moment, ou qu'entraîné par cette fatalité qui le portait toujours à se fourvoyer dans les grandes circontances, les suggestions perfides de son hôte l'emportèrent aisément sur les scrupules de la conscience et de l'honneur. L'expédition contre Sainte-Marthe est donc ajournée, et Bolivar, en téméraire, va armer son bras contre ses propres concitoyens, allumer enfin la plus funeste des guerres dans le sein de sa nouvelle patrie.

Toutefois il marque si bien ses intentions en quittant Monpox, qu'ils laisse toujours croire qu'il va excécuter la mission dont il est chargé; mais à Carabano où il débarque bientôt, il quitte derrière lui la route qui conduit directement à Ste-Marthe, et se dirige à marche forcée sur Carthagène, en passant par Baranquille, Soledad, San-Stanislas et Pur Bello, où il s'arrête enfin pour donner quelque repos à sa troupe. Là de nouvelles fêtes se succèdent pendant plusieurs jours.

Sans doute, pour se jeter dans une si folle entreprise, il a fallu nécessairement que le général Bolivar pensât que la prise de Carthagène, était la chose la plus facile du monde, et qu'il lui suffirait de se présenter devant cette ville, pour que ses habitants effrayés lui ouvrissent leurs portes. Et alors quelle jouissance pour lui, en effet, de voir à ses pieds ceux qu'il considérait comme ses ennemis ! . . .

Mais combien grande fut son erreur ! et lorsqu'en route il apprit les préparatifs de défense qui se faisaient à Carthagène et que les braves habitants de cette ville étaient résolus à lui disputer courageusement l'entrée de leur cité, il comprit toute l'énormité de sa faute et devint soucieux En effet, son crime était flagrant, manifeste; il avait désobéi aux ordres du Congrès; vainqueur ou vaincu, sa position allait être toujours embarrassante. Mais il n'y avait plus moyen de reculer, et comme César, en passant le Rubicon, il put se dire: enfin le sort en est jeté ! . . .

Cependant arrivé sur le territoire de Carthagène à Turbaco , et à la veille de commettre des actes d'hostilité, Bolivar sentit qu'il lui fallait quelque prétexte pour se justifier d'avoir ainsi trahi la confiance de son gouvernement, et abusé si étrangement des pouvoirs et des moyens qui lui avaient été confiés ; et il ne trouva rien de mieux que de rejeter sur la nécessité la responsabilité de sa coupable conduite. Agissant donc comme s'il n'avait effectivement fait que céder aux raisons les plus puissantes du bien public, il tint un conseil de guerre, où après avoir longuement déblatéré contre les autorités de Carthagène, et avoir fait un tableau hideux de la position de cette ville, qu'il représentait en proie à l'anarchie et à tous les maux qui en sont la suite ordinaire, il protesta de n'avoir été mû par d'autre motif que le bien public qui le portait à vouloir aller à Carthagène mettre un terme au désordre qui y régnait, afin d'obtenir la participation de la province à l'entreprise contre Ste-Marthe, ensuite, feignant de ne vouloir se laisser conduire désormais que par les avis du conseil, il le pria de lui indiquer la conduite qu'il devait tenir dans la circonstance. Les membres de ce conseil qui ne pouvaient manquer d'être dans le secret de cette jonglerie, ne purent qu'opiner dans le sens des volontés qu'ils connaissaient à leur général, en disant qu'il fallait aller à Carthagène, châtier les coupables et rétablir l'ordre et la tranquillité. Puis tous d'une voix ils firent retentir l'air des acclamations bruyantes de *vive notre libérateur Bolivar, mort à Castillo et à ses partisans* !

Après avoir joué cette comédie, Bolivar alla prendre position tout près des murailles de Carthagène, mais à peine ses troupes furent-elles arrivées à portée de canon, qu'une grêle de mitrailles les obligea à se reployer sur un couvent de moines, situé sur une haute colline, et peu éloigné de la ville, appelé *Nuestra Senora de la Popa, de la Candeliera.*

Là il arbora le pavillon de la province, comme si déjà il en était le maître.

L'armée assiégeante qui n'avait qu'une seule pièce de 4, ne pouvait faire aucun tort à la ville, ni rendre formidable sa position de la Popa. Cependant elle s'y maintint, malgré plusieurs sorties faites contre elle par les assiégés, qu'elle repoussa vigoureusement chaque fois.

Quelques jours après que Bolivar se fut établi à ce poste, diverses maladies se manifestèrent parmi ses troupes ; le manque d'eau fraîche en était la cause. Le seul puits qui s'y trouvait avait été empoisonné au moyen de peaux corrompues et d'autres matières aussi malfaisantes qu'on y avait jetées à dessein. Cette odieuse pratique eut pour effet nécessaire d'engendrer des maladies qui firent périr un grand nombre de ces assiégeants. Lorsqu'on fut convaincu que l'eau du puits était empoisonnée, il devint indispensable de s'en procurer à une autre source, mais l'eau de source vive étant très rare dans les environs de Carthagène, il fallut nécessairement envoyer de loin une grande quantité d'animaux de toute espèce, pour en rapporter au camp, ce qui compliqua singulièremenl la position de l'armée.

Le général J. M. Borgella, devenu après Marion, commandant de l'arrondissement des Cayes. Le général Borgella accorda une bienveillante hospitalité à Bolivar et aux grandes familles vénézuéliennes dans sa belle propriété rurale à Custines, près les Cayes. Comme beaucoup d'Haïtiens s'étaient déjà enrolés dans son expédition prête à partir, Bolivar désirait avoir l'aide d'un militaire éprouvé comme le général Borgella, qui répondit, pensant à l'état de guerre avec Christophe : « Mon pays pourra avoir besoin de mes services ; je ne puis accepter vos offres. »

Cependant le siège se poursuivait activement, même après que Bolivar eut reçu la nouvelle de l'arrivée du général espagnol Morillo, le 25 Mars, à l'île de la Margarita, avec cette expédition de Cadix que les journaux avaient annoncée. Cette circonstance était pourtant sérieuse et de nature à faire réfléchir Bolivar sur les conséquences d'une guerre civile dans une telle conjoncture, et le porter par conséquent à sacrifier ses ressentiments, justes ou injustes, au bien de l'union et de la concorde, chose indispensable alors aux indépendants pour pouvoir se défendre avec succès contre des forces formidables prêtes à les accabler.

Dans les vues donc d'opérer une réconciliation avec Bolivar, le révérend Père Marimon, commissaire du Congrès de Santa-Fé de Bogota, Juan de Dios Amador, gouverneur de la province de Carthagène, et quelques autres personnages de haute considération, vinrent trouver ce général à son quartier de la Popa. Il lui firent les plus fortes représentations sur les suites probables de son obstination, le pressèrent vivement de joindre le reste de ses forces à la garnison de Carthagène, pour après marcher contre l'ennemi commun, en lui offrant le commandement en chef, des provisions et des munitions de toute espèce, pour tenir la campagne. Bolivar répondit qu'il n'accepterait ces propositions qu'autant que la ville se soumit à lui, et reçut ses troupes dans son enceinte. Les intentions secrètes de Bolivar étaient trop bien connues pour qu'on se fiât à lui : on craignit avec raison qu'une fois en possession de la place, il ne se livrât à des actes de vengeance. On ne put donc accepter sa demande, et les négociations furent rompues. Alors les hostilités recommencèrent avec une nouvelle ardeur, bien que Morillo, qui avait débarqué un corps de troupes à Ste-Marthe fût déjà sur les derrières des assiégeants.

Au commencement du mois de Mai, Bolivar commença pourtant à réfléchir sur sa position, et à s'apercevoir qu'il ne parviendrait jamais à se rendre maître de la ville. Et bientôt même il se trouva réduit à l'humiliante nécessité d'envoyer un parlementaire à son ennemi, le général Castillo, pour lui demander une entrevue. Celui-ci fit d'abord quelques difficultés, mais le père Marimon et quelques autres personnes respectables s'entremirent, et l'entrevue entre ces deux généraux fut fixée au 8 de Mai.

Au jour désigné, le commissaire du Congrès accompagna le général Castille jusqu'au pied de la Popa, où le général Bolivar l'attendait dans une petite maison préparée à cet effet ; tout d'abord ils se firent l'un à l'autre un accueil réservé et même froid, mais sur les représentations du père Marimon, ils se relâchèrent peu à peu de leur hauteur, et finirent par mettre plus de cordialité et d'aménité dans leurs procédés réciproques. Ces deux chefs arrêtèrent alors un traité de paix et d'amitié, par lequel ils promirent, entr'autres choses, d'oublier ce qui s'était passé, et de vivre à l'avenir en bonne harmonie. Le général Bolivar consentit à laisser le commandement de son armée au général Florencio Palacios, son cousin, et le 10 de Mai il s'embarqua avec quelques officiers de son état-major, sur un brick anglais qui l'emmena à la Jamaïque.

CHAPITRE IV

Les officiers de l'armée de Bolivar furent très mécontents lorsqu'ils apprirent qu'un article du traité les plaçait sous les ordres de Castille, pour lequel ils avaient du mépris, et qu'ils étaient d'ailleurs habitués à considérer comme leur plus grand ennemi, mais Bolivar y avait été contraint, parce que ses troupes manquaient de tout, et qu'il n'y avait pas moyen de s'avitailler ailleurs qu'à Carthagène. Castille qui était vain, fier, hautain, s'était flatté que l'absence de Bolivar ferait tout oublier, et que bientôt une parfaite harmonie s'établirait entre les deux camps, mais lorsqu'il lui fut rapporté, et peut-être avec exagération, que les officiers de cette armée, scandalisés de se trouver sous ses ordres, s'étaient livrés à des propos injurieux à son égard, il devint furieux, et ordonna qu'elle quittât de suite sa position de la Popa, et vint camper en dehors des portes de Carthagène, dans un lieu bas et marécageux. L'armée se soumit aussitôt à cette prescription, mais dès que ses chefs reconnurent que ce camp, outre les inconvénients de sa situation, était placé tout au-dessous d'un ouvrage extérieur appelé le fort san Filipe, de sorte qu'à la moindre démonstration de révolte, on put détruire eux et leurs troupes, ils firent de fortes représentations à Castille, qui se mit de nouveau de mauvaise humeur et leur envoya l'ordre impératif de rester à leur cantonnement.

Il n'était permis qu'à un petit nombre d'officiers d'entrer en ville, et seulement pour se procurer des objets de première nécessité. Les gardes des portes et des batteries furent aussitôt renforcées, comme si on avait à craindre quelque surprise de la part de cette armée. Ces mesures rigoureuses et d'autres encore aussi inhumaines qu'impolitiques, étaient bien faites pour exaspérer ceux qui en étaient l'objet, puisqu'elles laissaient visiblement percer les mauvaises intentions de Castille. Aussi le général Palacios résolut-il, dès le soir même, d'évacuer ce poste, pour aller prendre position à Turbaco, situé à 4 lieues de Carthagène. Le lendemain, il écrivit à Castille pour lui faire connaître les motifs de cette détermination, en l'assurant qu'il était cependant disposé à concourir avec lui en tout ce qu'il entreprendrait pour la défense commune, pourvu qu'on continuât à pourvoir aux besoins de ses troupes. La conclusion de la lettre adoucit beaucoup l'humeur hautaine et haineuse du chef carthégénois, qui reconnut qu'en effet il s'était laissé aller à trop de rigueurs envers cette armée. Il s'empressa donc d'envoyer d'abondantes provisions et des munitions de guerre à Palacios, sous la conduite d'un bataillon d'infanterie commandé par les lieutenants-colonels Montilla et Stuart (1).

Les troupes sous le commandement de Palacios parvinrent à chasser les Espagnols des différentes positions dont ils s'étaient emparés sur la Magdelène : mais leur infériorité numérique (elles ne s'élevaient plus qu'à 700 et quelques hommes, de 2400 qu'elles étaient d'abord), ne leur permit point de les conserver, ni de rien entreprendre d'important par la suite ; et bientôt même elles furent tellement pressées et harassées par les troupes fraîches de Morillo, qu'elles ne purent trouver leur salut qu'en entrant promptement à Carthagène. Alors s'effectua par les forces espagnoles, (Juillet et Août), le blocus complet, de cette place, par terre comme par mer : alors commencèrent aussi pour

(1) L'historien de Bolivar raconte à cette occasion des circonstances qui paraissent si extraordinaires, qu'on serait presque tenté d'en douter si on n'était forcé d'ajouter foi au témoignage d'un homme tel que le général Ducoudray, lorsque surtout il s'annonce comme témoin oculaire. Voici la relation textuelle qu'il donne de ces circonstances. « Aussitôt que les provisions et les munitions de guerre eurent été livrées à Palacios, ce général fit cerner par ses troupes le bataillon carthagénois qu'il obligea à mettre bas les armes, et non content de cet acte de soumission il ordonna de dépouiller les officiers de leurs insignes et les soldats de leurs uniformes ; après quoi il les renvoya à Carthagène, retenant toutefois les deux lieutenants-colonels comme prisonniers de guerre. Lorsque Castille vit arriver ce bataillon ainsi dépouillé, il ne put maîtriser son indignation et sa colère. Agissant donc de représailles, il fit arrêter tous les officiers caraquins qui se trouvaient à Carthagène et les fit déposer en prison après les avoir fait également dépouiller. A cette nouvelle, Palacios fit relaxer Montilla et Stuart et les renvoya. Castillo, de son côté, relâcha les officiers caraquins mais les fit conduire sous bonne escorte à bord des bâtiments marchands prêts à mettre à la voile. En vain firent-ils les plus fortes représentations contre cette exportation tyrannique, les ordres de Castille furent ponctuellement exécutés ». Il paraît étrange, quelque tort qu'eût pu avoir le général Castille primitivement envers le général Palacios et son armée, que ce dernier ait agi de la sorte, put échanger un acte de vandalisme contre une action humaine et généreuse, alors qu'il était visible que Castille revenait à des sentiments plus modérés, des procédés pleins de convenance à son égard. Il faut que Palacios ait été donc hors de lui-même : sa conduite ne peut effectivement s'expliquer que par un véritable état de lucination.

les familles indépendantes, renfermées dans cette cité, une illiade de maux, des tribulations de toutes les sortes.

Castille qui se trouvait depuis quelque temps investi de la toute puissance gouvernementale, en conséquence de la loi martiale qui avait été publiée, exerçait une autorité plus que despotique dans Carthagène. Ne prenant absolument conseil que de ses passions, il négligeait tout-à-fait son devoir, pour ne s'occuper que de ce qui lui était personnel. Il affectait avec ses inférieurs des manières si hautaines, qu'il avait fini par perdre la confiance de l'armée, et en même temps cette popularité qui, en d'autres temps et naguères encore, fsaiait toute sa force. Jaloux à l'excès de son pouvoir, il prenait ombrage des moindres choses ; c'est ainsi que pour de futiles motifs, il avait été brutal envers deux officiers de distinction, le commodore Aury et le général Palacios (1), qu'il fit arrêter et déposer en prison. Enfin Castille avait comblé la mesure du mécontement public, quand un beau jour on arrêta de lui retirer le commandement ; ce qui fut exécuté sans peine. Le général Bermudes qui appartenait à l'armée de Bolivar, se met à la tête de quelques mécontents, et, investissant aussitôt le palais du général en chef, il opère son arrestation, sans bruit et sans autre accident que la mort d'un nommé Cespades, capitaine de ses gardes, qui avait essayé de résister et qui fut à l'instant même, victime de son dévouement.

Après ce coup de main, Bermudes fut placé à la tête du gouvernement mais on ne fut pas longtemps à reconnaître qu'il n'avait d'autre mérite que celui d'être un soldat courageux, sans aucune des capacités que suppose le commandement supérieur, et de plus aussi apathique et aussi insouciant, pour les affaires publiques, que l'avait été son prédécesseur. Sa faiblesse et son incurie causèrent les plus grands maux durant le siège. Aucuns moyens de conservation publique n'étaient employés, aucune mesure n'était prise non plus pour mettre la place sur un pied de défense respectable, ni même pour son approvisionnement ; de sorteque des centaines de personnes périssaient chaque jour de maladies et d'inanition.

Sur ces entrefaites, arriva le docteur Rodriguez de la Jamaïque. Le capitaine Louis Brion, qui fut plus tard amiral de la Colombie, venait d'arriver aussi de Londres, sur une très belle corvette chargée de 24 mille fusils et de beaucoup de munitions de guerre. Ces deux personnages étaient fort attachés à Bolivar. Touchés de la situation déplorable où s'était trouvée la place de Carthagène, et ne voyant que ce général capable de tenir le timon des affaires, dans une telle circonstance, ils résolurent, dans l'intérêt

---

(1) Palacios ne voulut plus rester à Carthagène, après son emprisonnement ; il alla joindre son cousin à la Jamaïque.

Statue de Pétion
sur la « Place Pétion » à Caracas

La gratitude du Vénézuéla a consacré en Pétion l'un des Pères de la Patrie vénézuélienne — titre de gloire que l'incomparable Haïtien partage avec Bolivar

Cette statue fut érigée par décret présidentiel en 1911 à l'occasion des fêtes du premier Centenaire de l'Indépendance du Vénézuéla, en même temps qu'une statue de Bolivar à La Guayra et de Camilo Torrès à Caracas : « Le but de Son Excellence en portant ces décrets, est d'offrir aux yeux des étrangers qui aborderont dans notre premier port, les traits du héros auquel nous sommes redevables de notre indépendance, et de témoigner de la reconnaissance du Vénézuéla aux deux *grands guerriers* qui donnèrent à ce héros leur aide la plus efficace et la plus ferme pour mener à bonne fin *l'œuvre surhumaine de fonder cinq nationalités.* (Ordre présidentiel du 23 juin 1911 — Caracas).

d'une cause déjà si compromise, de tenter quelques efforts auprès des personnes les plus influentes, afin de leur faire goûter l'idée du rappel de l'ancien dictateur. A cet effet, et après qu'ils se furent entendus avec Ducoudray Holstein, chez qui ils étaient logés à Boca Chica, ils s'abouchèrent avec les principaux officiers de la garnison, ainsi qu'avec quelques autres personnes de distinction possédant un grand crédit dans la ville. Le docteur Rodriguez, qui venait de quitter Bolivar, plaida avec succès sa cause devant eux. Il le leur représentait comme ayant entièrement changé de caractère dans son exil, qu'il avait dépouillé cette humeur hautaine qu'on lui connaissait ; qu'il était devenu beaucoup plus modéré depuis ses malheurs, et qu'enfin on pouvait tout espérer aujourd'hui de son zèle et de sa grande expérience. Toutes ces personnes tombèrent d'accord qu'en effet Bolivar, avec tous ses défauts et tous ses torts, était encore plus digne qu'aucun de ces autres chefs patriotes de tenir les rênes du gouvernement ; qu'il avait plus de talents, plus de capacités, et sans contredit une autorité reconnue sur eux tous ; que dans l'état des choses, et pour se débarrasser d'un homme dont les fautes grossières ne faisaient qu'aggraver de plus en plus cette situation, il convenai de faire la plus grande diligence. Et Brion promit, à cette seule condition du rappel de Bolivar, de se rendre tout de suite aux Cayes (1) avec son navire, pour y prendre mille tonneaux de farine, de riz et d'autres provisions, qui mettraient Carthagène et Boca Chica en mesure de tenir quelque temps.

Les choses étaient ainsi arrêtées, le colonel Ducoudray Holstein, un des principaux meneurs de cette affaire, et qui commandait les quatre forts de Boca Chica, s'empressa d'expédier un des corsaires qu'il avait sous ses ordres, la *Popa*, pour aller prendre Bolivar à la Jamaïque. Le docteur Rodriguez, qui s'embarqua à son bord, était porteur d'une lettre de lui pour le général. De son côté, Brion mit à la voile pour se rendre aux Cayes.

Lorsque la *Popa* arriva à Kingston, et que Bolivar eut appris la nouvelle de son rappel, et de la bouche de son ami Rodriguez, une foule de détails sur l'état de Carthahène, il fut si joyeux qu'il ne put retarder d'un seul jour son départ ; il s'embarqua le soir même avec le docteur et ses aides de camp. Il était à peine en mer qu'il rencontra le corsaire patriote le *Républicain*, capitaine Joanny, qui lui apprit que tout était perdu, que Carthagène venait de succomber, et que la garnison et les principales familles patriotes s'étaient embarquées sur dix vaisseaux, qui se dirigeaient vers Haïti, sous la conduite du commodore Louis Aury. Bolivar, consterné, changea alors de route, et

(1) Cayes, Chef-lieu du Département du Sud de la République d'Haïti.

fit voile pour les Cayes, où il arriva dix jours avant l'escadre. De là il se rendit au Port-au-Prince où il fut reçu avec la plus grande distinction, et avec une extrême cordialité par le Président Pétion.

CHAPITRE V

L'escadre du commodore Aury mouilla aux Cayes le 6 Janvier 1816, après avoir horriblement souffert du temps et des privations de toutes les sortes, pendant la traversée.

Il fallait avoir vu ces malheureux émigrants lors de leur débarquement, pour se faire une juste idée de leur position. Malades pour la plupart, et dévorés par la faim et la soif, ils pouvaient à peine se tenir sur leurs jambes. Il fallait entendre les cris des enfants, les lamentations des femmes et des vieillards ; ces gémissements que les tiraillements de la faim faisaient pousser ; le désespoir enfin de ces gens de se trouver sur une terre étrangère, sans moyens d'existence pour le plus grand nombre.

Mais s'il fut triste, s'il fut déchirant pour les âmes sensibles de contempler un pareil spectacle, combien ne durent-elles pas se sentir soulagées, à voir cet empressement que les familles haïtiennes mirent à voler au secours de ces infortunés, à les recueillir dans leur sein, à les soigner, à les soulager !... C'est une justice à vous rendre, habitans des Cayes, que, dans aucun lieu de la République, et dans aucun temps, on ne se montrât plus humain et plus généreux envers ses semblables que vous ne le fûtes en cette occasion. En effet, quelles plus délicates, plus fructueuses consolations, quels soins plus généreux que ceux que vous prodiguâtes à l'envi à ces malheureuses victimes du sort !... L'enthousiasme avait gagné toutes les classes de la société ; c'était un entraînement général, chacun se crut obligé de venir en aide à ces infortunés, de leur porter son contingent de charité.

Le gouvernement lui-même ne se montra pas moins empressé de prouver son humanité et sa bienfaisance ; car l'ordre fut de suite expédié au général Marion, commandant de l'arrondissement des Cayes, de faire rationner en pain et salaisons tous ces émigrants pendant trois mois.

Après avoir passé quelques jours au Port-au-Prince, Bolivar revint aux Cayes. Il était porteur d'une lettre de recommandation du Président Pétion pour le général Marion. Le Président savait très bien qu'un personnage du caractère et du renom du général Bolivar, portait toujours avec lui sa recommandation, mais, en lui donnant cette lettre, son but était de témoigner au commandant des Cayes combien il professait d'estime pour un homme qui avait si longtemps combattu pour la cause de la liberté,et qui était encore préoccupé de l'accomplissement d'une haute mission sociale et humanitaire.

Avant de quitter le Port-au-Prince, le général Bolivar avait reçu du Président Pétion l'assurance la plus positive que le gouvernement haïtien l'aiderait de tout son pouvoir dans l'expédition qu'il projetait contre les ennemis de l'indépendance de son pays, à condition toutefois que l'abolition de l'esclavage, dans les états qu'il allait libérer, en serait nécessairement le prix (1). Aussi dès son retour s'occupa-t-il de tous les moyens de préparer cette expédition. Il organisa tout d'abord son état-major, et fit quelques promotions. Ses amis lui conseillèrent ensuite, pour donner avec l'apparence de la légalité, plus de poids et de force à ses actes, de se faire déléguer le pouvoir suprême par les fonctionnaires civils et militaires, et d'autres citoyens de marque, présents aux Cayes, qu'il assemblerait à cet effet, Déférant à cet avis, dont il reconnut toute la convenance et l'opportunité, il convoqua aussitôt une assemblée qui se tint dans la maison de la citoyenne Jeanne Bouvil, située au quartier dit la Savanne. A cette réunion se trouvèrent entr'autres personnes de distinction, les généraux Marinno, Bermudes, Piar, Palacios, et Mc. Grégor, le commodore Aury, le colonel Ducoudray Holstein, les frères Pinerès, Brion et l'intendant Zéa. Bolivar ouvrit la

---

(1) C'était peu pour Pétion d'avoir constamment travaillé au bonheur du peuple dont les destinées lui étaient confiées; il n'importait pas seulement à sa grande âme d'avoir jeté les bases de l'organisation sociale du pays, et déposé dans les institutions les germes de son avancement moral et politique, mais il voulut faire davantage : il porta ses regards par-delà les mers, et voyant des milliers de ses frères qui gémissent dans les liens de l'esclavage, il conçoit aussitôt la pensée de les rendre à la liberté, favorisé qu'il est par une heureuse circonstance ; et certes, en stipulant, comme il le fit, leur émancipation immédiate, il n'accomplit pas seulement une mission toute providentielle et humanitaire, mais il fit encore une œuvre de la plus haute portée politique. Ainsi il ajouta de nouveaux fleurons à son auréole de gloire, il inscrivit son nom auguste sur les tables de l'immortalité !...

Cette stipulation d'affranchissement,dont nous venons de parler, ne saurait former l'objet d'aucun doute, elle résulte non seulement des preuves littérales incontestables que nous plaçons à la suite de l'ouvrage, mais encore d'un témoignage historique dont voici le texte : « Si le chef suprême (dit l'historien de Bolivar, page 22, tome II) ne sut pas profiter des secours que lui accorda généreusement le Président Pétion, il est juste de dire du moins qu'il tint fidèlement la promesse qu'il lui avait faite d'affranchir les esclaves. Les proclamations de Bolivar à Margarita, à Carupano, et à Ocumare renferment des passages qui prouvent qu'il ordonna leur affranchissement, il donna l'exemple lui-même en mettant en liberté ses esclaves de Sans Mateo : c'est un fait qui l'honore. »

séance par un discours préparé où entre autres choses il s'efforçait de démontrer qu'il était indispensable d'avoir un gouvernement central, c'est-à-dire qu'il fallait que l'autorité suprême résidât entre les mains d'une seule personne. Aury s'opposa à ce que des pouvoirs illimités fussent confiés au général Bolivar seul, et proposa de nommer une commission de trois ou de cinq membres qui exercerait ses pouvoirs conjointement avec loi. Bolivar, irrité, s'éleva avec chaleur contre cette proposition d'Aury,parla longuement, et finit par déclarer qu'il ne consentirait jamais à aucun partage à l'égard des pouvoirs dont il croyait nécessaire qu'il fût investi pour le succès de l'entreprise ; qu'il était convaincu que cela ne pouvait être différemment, et qu'au surplus si l'assemblée pensait qu'un autre pouvait mieux faire que lui, il la priait de le placer à la tête de l'expédition.

Les pouvoirs que demandait Bolivar étaient sans doute exorbitants car c'était une véritable dictature qu'en droit public, il ne pouvait compéter à quelques émigrés, réunis en assemblée, de conférer loin de leur patrie, surtout lorsqu'elle ne pouvait point se borner seulement à la conduite de l'expédition, ainsi que l'évènement l'a prouvé. C'est à l'universalité des citoyens,au peuple autrement dit, qu'il appartient toujours d'attribuer par l'organe de ses mandataires, des pouvoirs de ce genre, quand la gravité, le danger des circonstances le commande. Sous ce point de vue, la proposition d'Aury n'était donc pas plus raisonnable que celle de Bolivar: elle n'apportait absolument rien en faveur du principe, seulement elle semblait offrir un peu plus de garanties.

Brion,qui prit la parole après,représenta à l'assemblée qu'il était de la plus grande urgence que le commandant en chef de l'expédition fût investi d'un pouvoir discrétionnaire et que si le général Bolivar obtenait les suffrages de la majorité, comme il n'en faisait aucun doute, il emploierait toutes ses ressources et son crédit pour augmenter le nombre des vaisseaux de guerre et des bâtiments de transport : qu'en un mot il était prêt à tout faire pour seconder le général Bolivar, mais lui seul.

Tous les membres de l'assemblée,à l'exception d'Aury, consentant à accorder à Bolibar les pouvoirs illimités qu'il demandait,ces pouvoirs furent à l'instant rédigés et signés par eux tous,et Bolivar fut proclamé commandant en chef, aux cris de *viva la patria*.

Bolivar ne pouvait cependant pardonner à Aury de s'être montré dans l'assemblée si opposé à ses vues ; il en conservait un secret ressentiment, et une sentence arbitrale rendue en faveur du commodore, lui fournit bientôt l'occasion de le faire éclater. Pendant le siège de Carthagène, Aury avait rendu de grands services au gouvernement de cet Etat. Il avait souvent exposé sa personne et ses bâtiments pour l'avitaillement de cette place, et il lui était dû d'assez fortes sommes pour des avances qu'il avait faites. A son arrivée aux Cayes, il s'était encore trouvé dans le cas de faire de nouvelles avances tant pour le radoub que pour le gréément des goëlettes la *Constitution* et la *Républicaine*,appartenant à l'Etat de Carthagène, et qui se trouvaient en sa possession. Comme il n'était guère possible qu'on le remboursât aux Cayes, il avait pu penser qu'on lui abandonnerait, sans difficulté, la propriété de la *Constitution* qu'il désirait avoir, et qui était tout à fait à sa convenance. Il adressa donc une supplique au commissaire du Congrès de Santa-Fé, la seule autorité de la Nouvelle-Grenade compétente qui fut aux Cayes, lui demandant ce bâtiment en paiement de ses avances ; et promettant que, si sa demande était octroyée, non seulement ses trois corsaires prendraient part à l'expédition, mais encore qu'il porterait plusieurs de ses amis, propriétaires aussi de corsaires, à s'adjoindre à lui. Le père Marimon qui était assez bien disposé en faveur du commodore, nomma une commission d'arbitres pour examiner et aprécier cette demande. La commission après mûr examen, décida que la propriété du bâtiment serait abandonnée à Aury. Mais à peine Bolivar fut-il informé de ce qui s'était passé, (et c'était le lendemain de sa nomination), qu'il envoyaappeler le père Marimon qu'il reprocha beaucoup de s'être mêlé de cette affaire, ainsi que l'intendant Zéa, un des arbitres, et s'étant ensuite fait représenter l'original de la décision arbitrale, il le mit aussitôt en piéces. Puis, il pria le général Marion de faire mettre à bord de la *Constitution* une bonne garde de troupes haïtiennes, pour chasser les matelots d'Aury qui s'y trouvaient.

On conçoit quelle dût être l'indignation d'Aury,et qu'une conduite aussi arbitaire ne fut pas peu propre à le brouiller tout à fait avec ce général. Il s'en plaignit aussitôt au Président Pétion, qui heureusement intervint dans l'affaire, et la termina d'une manière bien généreuse, comme on le verra bientôt.

Dès lors ennemi irréconciliable de Bolivar, Aury ne pensa plus qu'à se venger de lui. Il fit donc jouer tous les ressorts de l'intrigue pour faire manquer son expédition. Il annonça une autre expédition qu'il devait lui-même préparer pour le Mexique, et dont le général Bermudes, qu'il avait mis dans ses intérêts, devait être le commandant en chef. Enfin il se donna tant de mouvements qu'il parvint à réunir à son parti baucoup de monde, gens de Bolivar et autres, qu'il avait embauchés. En même temps, ses corsaires et ceux de ses amis qui se trouvaient dans le port des Cayes, au nombre de huit, arborèrent le pavillon mexicain. Enfin un grand coup était porté au parti de Bolivar qui, effrayé des suites que cette division allait produire, et ne pouvait absolument rien oar lui-même, s'adressa au

Président Pétion pour le prier d'interposer son autorité et son influence, afin de faire cesser cet état de choses. Déjà le père Marimon, également effrayé des conséquences d'un pareil scandale, avait fait parvenir des représentations au général Marion, et appelé son attention sur la conduite de ces corsaires; et ce général se rendant à ses pressantes sollicitations, avait de suite ordonné que tous les papiers, lettres de course, patentes et autres appartenant aux bâtiments venant de Carthagène, seraient déposés à son bureau, jusqu'à nouvel ordre, et information en avait été de suite donnée au chef de l'Etat.

La réponse de Pétion ne se fit pas longtemps attendre. Il comprit, ce grand politique, que tout était perdu pour Bolivar, et partant pour la cause dont il était le principal champion, si lui-même, le Président, ne se hâtait de trancher la difficulté. En conséquence, et approuvant tout ce qui avait été déjà fait par le général Marion, il ordonna de plus que tous les corsaires dits mexicains seraient désarmés, qu'aucun d'eux ne sortirait du port des Cayes avant le départ de l'expédition de Bolivar, que le commandant de l'arrondissement ferait venir devant lui tous les capitaines de ces corsaires, ainsi que les autres gens opposés à Bolivar, et qu'il leur déclarerait, en son nom, que le gouvernement haïtien ne connaissait, ni ne voulait connaître, d'autres autorités, parmi les indépendants, que le général Bolivar, et le commissaire du Congrès de Santa-Fé, le père Marimon; et partant qu'ils n'avaient qu'à se rallier à eux, s'ils voulaient continuer à jouir de la protection et de la bienveillance du gouvernement. Les remontrances de Pétion produisirent les meilleurs effets, car cette désunion qui subsistait entre les patriotes cessa aussitôt. Force fut donc aux opposants de se soumettre à Bolivar, et Bermudes tout le premier. Ainsi, le commandant en chef, grâce aux soins de Pétion, put tranquillement continuer à préparer son expédition.

En même temps, pour faire cesser les plaintes du sieur Aury, le président décida que les réparations faites à bord de la *Constitution* et de la *Républicaine*, seraient constatées et estimées par des experts, et que le gouvernement en rembourserait le montant lui-même. Ce qui eut de suite lieu, et l'administrateur des Cayes eut ordre de faire compter au sieur Aury 2. 000 piastres, montant de cette évaluation.

Fidèle au système de neutralité qu'il avait adopté, dès l'arrivée de ces indépendants, Pétion avait fait passer au commissaire du gouvernement près les tribunaux du Sud, l'ordre le plus positif de prévenir ces tribunaux d'avoir à s'abstenir de connaître d'aucune contestation rélative aux affaires de prises et autres de ce genre, que ces indépendants seraient dans le cas de porter devant eux ; attendu que non seulement qu'ils n'étaient point compétents, mais encore que le gouvernement voulait éviter au pays d'avoir aucun démêlé avec les nations belligérantes pour de pareils sujets. Cependant malgré la défense formelle du Président, défense fondée, comme on le voit, sur une grande raison politique, le tribunal de première instance des Cayes, s'était permis de connaître d'une affaire de cette nature, entre un sieur Hesbert, armateur de la *Popa* et les officiers de ce corsaire : affaire passée depuis longtemps à Carthagène et attributive du tribunal de l'amirauté de cet endroit seul. Indigné, avec raison, d'un pareil écart, surtout lorsqu'une des parties avait demandé que l'affaire fût renvoyée par devant des arbitres, le Président fit transmettre par le général Marion au commissaire du gouvernement, l'injonction formelle de se transporter au greffe, afin de bâtonner et radier même la sentence de ce tribunal, dont il ne voulut point qu'il restât de traces, comme nulle et violatrice de tous les principes. (1)

D'après les ordres qu'il reçut, le général Marion mit à la disposition de Bolivar quinze milliers de poudre, quinze mille livres de plomb, quatre mille fusils garnis de leurs baïonnettes, une grande quantité de pierres à fusil, une presse à imprimerie, et des provisions abondantes pour l'avitaillement de l'armée expéditionnaire. Il faut ajouter à tout cela une bonne somme d'argent dont nous ne savons pas positivement le chiffre.

Plus tard Bolivar aura à réclamer encore d'autres secours de notre gouvernement, mais cette fois ils lui auront été fournis au Port-au-Prince même.

Il est vraiment fâcheux que plusieurs lettres de Pétion renfermant aussi des ordres relatifs à cette expédition, se trouvent abimées ou perdues, par suite des évènements survenus aux Cayes. On aurait vu que le général Bolivar, à qui d'abord il avait été livré dix milliers de poudre, fit des démarches pour en avoir une plus grande quantité, et que le président ordonna au général Marion de mettre encore à sa disposition cinq autres milliers, en lui exprimant combien il regrettait de ne pas pouvoir faire davantage pour lui. Il en est de même des armes et d'autres choses. Si on se rappelle la position de la république alors, en guerre avec le Nord, son commerce qui avait si longtemps langui, par suite du désastreux système continental, commençant à peine à prendre quelque faveur, on se convaincra que les secours donnés à Bolivar furent quelque chose d'immense pour l'époque, et qu'il ne fallut rien qu'une cause aussi sacrée, et l'engagement de ce chef patriote d'affranchir les esclaves de son pays, pour porter notre gouvernement à faire ces sacrifices.

---

(1) C'était avant la constitution de 1816 ; il n'y avait pas de tribunal de cassation alors, et Pétion exerçait une sorte de dictature.

Le Président dut recommander de mettre le plus grand secret dans les livraisons faites à Bolivar ; et cela, pour plusieurs raisons : d'abord pour être conséquent avec ce système de neutralité apparente qu'il voulait observer, et ensuite pour ôter aux malveillants l'occasion de répandre leurs calomnies dans le public, de dire, comme ils le font toujours, que le gouvernement sacrifie les intérêts du pays en faveur de l'étranger, ce qui aurait peut-être produit de fâcheuses impressions dans le peuple, qui n'est pas toujours à portée d'apprécier, quoique dans ses intérêts, les raisons politiques qui déterminent le gouvernement ; ce que Pétion voulut surtout éviter. Indépendamment de cela, il savait qu'en général on n'aime pas à voir passer à l'étranger ce qui appartient à son pays. C'est un sentiment d'égoïsme national, dont les gens même les plus éclairés ne peuvent pas toujours se défendre.

Après avoir fait pour l'expédition de Bolivar tout ce qu'il était raisonnablement possible d'espérer, Pétion était impatient de la voir partir, tant il était désireux de sa réussite, et avait foi dans les avantages qui devaient nécessairement en résulter, mais quelle fut sa suprise lorsqu'il apprit que, bien loin de faire la plus grande diligence, Bolivar et ses officiers supérieurs s'amusaient au contraire à tous les genres de di-ertissements aux Cayes. Le général Marion fut donc chargé de faire comprendre à ce chef qu'il était enfin temps qu'il partît ; que ce retard qu'il mettait pouvait devenir fort compromettant pour sa cause, en ce que, si de nouveaux renforts arrivaient aux espagnols, avant le débarquement des patriotes à la Côte-Ferme, leurs efforts deviendraient infailliblement impuissants.

Appréciant ces justes représentations, le général Bolivar se détermine enfin à quitter les Cayes. Désormais, en effet, beaucoup plus d'activité se fait remarquer dans ses préparatifs, si bien qu'en peu de temps les bâtiments de guerre, comme ceux de transport, sont prêts à tenir la mer. Un grand nombre d'Haïtiens, militaires, marins et autres, sont reçus à leur bord, pour renforcer ces quelques centaines d'hommes de l'expédition. Les autorités le savaient, mais le mot était donné de n'y faire aucune attention, de fermer les yeux.

Avant de partir, Bolivar nomma Louis Brion, chef de l'escadre ; c'était justice, car Brion avait puissamment contribué, par ses propres moyens, à l'équipement des bâtiments, ce qu'aucun autre n'était en état de faire comme lui. Il était en outre un excellent marin, et avait un sincère attachement pour Bolivar qu'il était disposé à seconder de tous ses efforts.

Les bâtiments de l'expédition commencèrent à sortir du port des Cayes le 10 Avril. La *Popa* fut le dernier vais-

STATUE DE PÉTION à Caracas
sur la place qui porte son nom. Vue d'ensemble de la Place Pétion avec la Statue de Pétion

seau de guerre qui quitta ce port. (1) Leur lieu de réunion était l'Ile de la Béata.

La veille de son départ, à 4 heures de l'après-midi, Bolivar se rendit chez le général Marion pour lui faire

(1) Quoique Bolivar se fut réconcilié avec Bermudes, depuis les remontrances de Pétion, et qu'ils parussent être dans les meilleurs termes, il est certain néanmoins que le commandant en chef conservait à son ancien lieutenant rancune de ses menées avec Aury, et qu'il était résolu à ne pas l'employer dans l'expédition. Du reste, il pouvait revenir aussi à Bolivar de temps à autre, quelque chose de la conduite brutale de Bermudes à Carupano, lorsqu'il le menaça de le faire traduire avec Marino devant un conseil de guerre ; bien que depuis il eût servi sous ses ordres, et se fût montré très soumis à lui. De son côté, Bermudes jalousait Bolivar. La place de gouverneur militaire qu'il occupa pendant quelques mois à Carthagène, avait enflé son orgueil d'une manière singulière, et, comme la passion conseille toujours fort mal, et qu'on a pour l'ordinaire de soi l'opinion la plus avantageuse, il s'était mis dans la tête qu'il était au moins aussi capable que son ancien général, et qu'on lui avait fait une grande injustice de ne lui avoir pas donné le commandement de l'expédition On voit donc qu'alors des causes d'éloignement et d'inimitié même étaient réciproques entre ces deux personnages, et qu'ils ne pouvaient plus être sincèrement amis. Toutefois, leurs intérêts respectifs voulurent qu'ils jouassent encore de la dissimulation — Bolivar s'était efforcé, par des manières cordiales, d'inspirer une sorte de confiance à Bermudes. Ainsi, il put facilement lui persuader que la *Popa* le recevrait à son bord avec ses gens et son bagage. Plein donc d'assurance dans la parole du commandant en chef, Bermudes avait fait tout naturellement ses préparatifs de départ, et attendait impatiemment l'ordre d'embarquement ; mais quelle fut sa surprise et son indignation en même temps, lorsqu'un beau matin en se levant, il voit la *Popa* à la voile, et lui-même encore à terre. Le capitaine avait positivement reçu l'ordre de Bolivar de ne pas le prendre à son bord. Désespéré, Bermudes accourt aussitôt chez le commandant de l'arrondissement, à qui il raconte, les larmes aux yeux, ce qui lui est arrivé. Comment s'écria le général Marion, la *Popa* est parti sans vous prendre !... Je ne me serais jamais douté qu'un homme du caractère du général Bolivar fut capable d'une pareille action. Eh bien, je vous conseille d'aller trouver le président Pétion, il a le cœur bon, compatissant, et je suis persuadé qu'il fera quelque chose pour vous. Bermudes suivit ce conseil et peu de jours après il revint du Port-au-Prince avec une lettre du président, par laquelle S. Ex. recommandait au général Marion d'avoir toutes sortes d'égards pour lui, et de lui faciliter les moyens de se rendre dans sa patrie, soit directement, soit par la voie des îles. Le président lui avait remis aussi une lettre pour le général Bolivar, à la faveur de laquelle il fut fort bien accueilli par le chef suprême. qui l'employa aussitôt.

Ducoudray Holstein raconte tout différemment cette affaire. Il prétend que ce fut de son propre mouvement, de sa libre volonté que Bermudes resta aux Cayes, indigné qu'il fût de la conduite arbitraire de Bolivar à l'égard d'Aury ; et qu'ainsi firent le colonel Ducayla, Collot, ex-commandant d'artillerie de Bolivar, Garcu et plusieurs autres. Je suis fâché que l'intérêt de la vérité me ses adieux. Il lui exprima combien il était pénétré de reconnaissance, non seulement pour les services qu'il avait rendus à l'expédition, mais encore pour toutes les bontés qu'il avait eues pour lui personnellement durant son séjour aux Cayes, et dont il garderait éternellement le souvenir, qu'il regrettait de ne pouvoir lui marquer sa gratitude autrement que par des paroles en ce moment ; mais qu'en attendant qu'il pût mieux faire, il le priait d'accepter, avec l'accolade fraternelle, son portrait en médaillon, comme un témoignage de ses sentiments de profonde affection. Il promit au général Marion de lui écrire souvent, et de lui envoyer en présent quelques beaux chevaux d'une race magnifique, aussitôt qu'il serait en possession d'Angoustoura dans la Guyane. Enfin Bolivar fut d'une courtoisie remarquable en cette circonstance. Le général le remercia beaucoup de ses paroles obligeantes et du don qu'il lui faisait de son portrait, auquel il le priait de croire qu'il mettait un prix infini, l'assurant en même temps qu'il faisait les vœux les plus ardents pour le triomphe de ses armes, afin que les plus grands avantages possibles puissent en résulter pour la prospérité et l'indépendance de son pays.

PIECES JUSTIFICATIVES

Liberté, Egalité.

N° 1. République d'Haïti.

Au Port-au-Prince, le 4 janvier 1816, an 13 de l'Indépendance.

Alexandre Pétion, président d'Haïti, au général Marion, commandant l'arrondissement des Cayes.

La ville de Carthagène qui vient de succomber, mon cher général, étant au pouvoir des royalistes espagnols,

---

force à contredire un homme pour lequel j'ai professé de l'estime, qui a été pendant plus d'un an mon maître de musique, et avec lequel j'ai passé d'agréables moments aux Cayes. Il paraîtrait que le général Ducoudray aurait été mal renseigné, ou bien que sa mémoire lui aurait fait défaut en cette circonstance.

Ducoudray avait suivi l'expédition de Bolivar, mais s'étant brouillé avec le chef suprême à Carupano, il revint aux Cayes à la fin de 1816. Il avait essayé d'y établir une bibliothèque publique, mais comme cela n'alla pas bien, il se détermina enfin à donner des leçons de piano qui lui valurent beaucoup.

je vous invite à arrêter l'exportation des grains et autres commestibles du port des Cayes.

Je vous salue d'amitié,

Signé : PÉTION.

N° 2. République d'Haïti,

Au Port-au-Prince, le 26 janvier 1816, an 13 de l'Indépendance.

ALEXANDRE PETION, Président d'Haïti, au général MARION, commandant l'arrondissement des Cayes.

Des raisons que je ne dois pas confier au papier, mon cher général, mais qui tendent grandement à consolider la République, me commandent de vous inviter, par la présente, à mettre à la disposition du général Bolivar, deux mille fusils et leurs baïonnettes, de ceux déposés à l'arsenal des Cayes par M. Brion ; vous mettrez aussi à sa disposition le plus de cartouches et de pierres à fusil que vous pourrez, en ne gardant surtout des cartouches, qu'une petite quantité. Vous ferez sortir ces objets comme envoi fait à la Grand-Anse, en les chargeant à bord d'un bâtiment dont le capitaine que vous placerez à bord, et l'équipage seront dignes de votre confiance, et ce bâtiment une fois dehors et d'une manière à ne point être aperçu, allongera celui que le général Bolivar destinera pour recevoir ces objets, et les transmettra à son bord. Il est à propos que cela ne transpire pas, et je repose sur les précautions que vous prendrez à cet égard.

Je vous salue d'amitié,

Signé : PÉTION.

N° 3. République d'Haïti.

Au Port-au-Prince, le 26 Janvier 1816, an 13 de l'Indépendance.

ALEXANDRE PÉTION, Président d'Haïti, Au général MARION, commandant l'arrondissement des Cayes,

Je vous recommande mon cher général, de faire délivrer par l'administratiou des Cayes, aux malheureux réfugiés de Carthagène et dépendances, une ration journalière en pain et salaisons. C'est un acte d'humanité digne du gouvernement de la République. — Vous communiquerez la présente lettre à l'administrateur ADAM.

Je vous salue d'amitié,

Signé : PÉTION.

N° 4. Aux Cayes, le 27 Janvier 1816.

Monsieur le général,

Le soussigné, commissaire du Congrès des Etats-Unis de la Nouvelle Grenade, près le gouvernement de Carthagène, a l'honneur de vous exposer que vu les excés qu'ont commis plusieurs corsaires armés à Carthagène, et notamment la goëlette la *Sentinelle*, qui est accusée de quelques pirateries ; vu l'impossibilité où se trouvent les autres corsaires de faire légalement condamner, faute d'un tribunal d'amirauté, attendu que les Etats-Unis de la Nouvelle-Grenade n'en avaient qu'un seul établi à Carthagène, vu l'espèce de désobéissance dont s'est rendu coupable M. Louis Aury qui a été créé par le soussigné capitaine de vaisseau de la marine des dits Etats-Unis de la Nouvelle-Grenade ; voulant enfin le souligné, que l'ordre et la subordination régnent, que les neutres soient respectés comme il est de droit, et que le gouvernement d'Haïti ne soit en aucune manière compromis pour l'hospitalité qu'il nous a généreusement accordée.

Le soussigné vous supplie, Monsieur le général, d'ordonner aux capitaines des embarcations sous pavillon carthagénois de déposer en vos mains leurs patentes ou lettres de marque, de ne plus arborer leur pavillon, provisoirement et jusqu'à recevoir les ordres que Mr. le président Pétion daignera vous communiquer à ce sujet, sur les représentations que le soussigné aura l'honneur de lui transmettre,

Veuillez agréer, M. le général, l'hommage de mon respect et de ma profonde vénération.

J. Marimon.

A M. le général Marion, commandant l'arrondissement des Cayes.

République d'Haïti.

N 5. Au Port-au-Prince, le 30 Janvier 1816 an 13e de l'Indépendance.

Alexandre Pétion, Président d'Haïti, au général Marion, commandant l'arrondissement des Cayes.

J'ai reçu, mon cher général, votre lettre du 27 de ce mois avec les pièces qu'elle renferme. J'approuve la mesure que vous avez prise à l'égard des bâtiments sous pavillon carthégénois, qui sont dans le port des Cayes, tendant à prévenir tout acte qui pourrait compromettre la République dans l'hospitalité qu'elle a accordée aux réfugiés de Carthagène, et qui se trouve d'ailleurs conforme

Cette photographie montre une partie de la *Place Pétion* et une petite statue de Pétion qui y fut érigée en 1904, lors de la célébration du Centenaire de l'Indépendance haïtienne en 1904. On y voit encore la façade ouest du Palais National. C'est un coin du vieux Port-au-Prince, puisque la statue de Pétion a été déplacée et transférée en Août 1925 dans lei petit square où se trouve situé le Lycée Pétion, derrière la Cathédrale.

Ce petit monument de Pétion porte les inscriptions suivantes : A. PÉTION, 1770-1818. — Au bienfait de l'Indépendance ton grand cœur ajouta le précieux don de la « LIBERTE » et ce sera aux yeux de la postérité ta gloire la plus pure. — Au Fondateur de la République la Patrie, reconnaissante, au Grand Citoyen qui ne fit couler de larmes qu'à sa mort. Justement renommé pour tes vertus, tu vivras éternellement dans la mémoire de tes concitoyens. » — La Femme qui est aux pieds de Pétion représente la Déesse de la Liberté tenant d'une main le Drapeau national créé par Pétion et qu'elle montre à son auteur, et de l'autre main un rameau d'olivier. Le buste de Pétion et la Déesse de la Liberté sont en bronze.

à la demande qui vous en a été faite par le commissaire du Congrès des Etats-Unis de la Nouvelle-Grenade. Je vous invite, dans toute votre conduite, à ne pas perdre de vue combien il importe que le système de neutralité parfaite que nous professons soit exactement suivi, et d'éviter aucun malentendu qui puisse donner de l'inquiétude à aucun autre gouvernement, ce qui est pour le notre de la plus haute importance.

Je vous renverrai les pièces que vous m'avez adressées ou mes instructions, après que j'aurai vu M. Aury que vous m'annoncez.

Je vous salue d'amitié,

Signé : Petion.

Liberté, Egalité,

République d'Haïti.

N° 6. Au Port-au-Prince, le 25 Février 1816, an 13e de l'Indépendance.

Alexandre Pétion, Président d'Haïti, au général Marion, commandant l'arrondissement des Cayes.

Sur ce que j'ai appris, mon cher général qu'il s'établissait aux Cayes des divisions qui pourraient devenir funestes à la cause de la liberté, par ceux des réfugiés étrangers qui se disent, les uns pour la Nouvelle Grenade, et les autres pour le Mexique, j'ai résolu d'y interposer mon autorité, afin de faire finir ces sortes de divisions, qui, en montrant un exemple dangereux au peuple de la République, peut être le résultat des machinations des ennemis cachés de l'indépendance du Nouveau-Monde. Et comme en tout état de cause, un gouvernement protecteur de l'humanité, juste, équitable et père du peuple qu'il régit, doit faire ce qu'il convient pour la future prospérité et protection de ceux qui vivent à l'ombre de son système établi; j'ai résolu, que jusqu'à nouvel ordre, il ne serait point reconnu aucune autorité *dite mexicaine* ou du *Mexique* parmi nous, que vous ne permettrez, sous aucun prétexte dans l'étendue de votre commandement, à aucun bâtiment d'arborer le pavillon dit du *Mexique*, et que vous ne permettrez plus non plus qu'aucune expédition se fasse pour le Mexique révoquant à cet égard tous ordres contraires à ce que je vous prescris par la présente.

Et comme le général Bolivar et M. Marimon sont légalement reconnus pour des autorités de la Nouvelle-Grenade, et qu'il doit convenir à la République que cela soit ainsi, vous remettrez en leurs mains tous les papiers des bâtiments de Carthagène qui sont déposés entre les vôtres.

Vous ferez appeler les capitaines et armateurs de ces bâtiments, et vous leur notifierez de vive voix que le gouvernement ne reconnait point d'autres autorités que M. Marimon et le général Bolivar dans les mains desquels les papiers de leurs bâtiments ont été remis, et que ceux des bâtiments qui ne suivront pas ces deux messieurs ne sortiront pas du port de Cayes, sous n'importe quel pavillon ; et dans le fait vous vous opposerez par tous les moyens en votre pouvoir à ce que les bâtiments qui ne suivront pas l'expédition du général Bolivar sortent des Cayes jusqu'à de nouveaux ordres de ma part.

Je me réfère à ma lettre d'ordre relative à l'affaire de la *Constitution*, les dépenses de ce bâtiment estimées par des arbitres, le gouvernement répondant du montant de l'estimation, le bâtiment, bon gré mal gré, sera mis à la disposition de M. Marimon et du général Bolivar. Prévenez le général Bolivar de toutes ces dispositions et dites-lui de ma part de ne pas perdre un moment de temps, car il pourrait arriver d'Europe des bâtiments et des secours qui le contrarieraient beaucoup. Dites-lui de ne plus perdre du temps, et lisez lui ma lettre.

Je vous invite aussi à permettre, à M. Brion d'embarquer, les quinze cents fusils qu'il avait vendus à l'état, le marché pour ces armes étant rompu. Il remettra en les recevant, le reçu qui lui avait été fourni des Cayes.

Il ne me reste plus, mon cher général, qu'à vous dire de faire finir, comme je vous le prescris, l'affaire de ces messieurs ; et s'il y avait encore quelques personnes ayant a exercer des réclamations auprès de vous, ou des difficultés à terminer, envoyez-les moi; en attendant que l'expédition parte, car je désire qu'elle parte.

Je vous salue d'amitié,

Signé : PÉTION.

Liberté, Egalité.

République d'Haïti.

Au Port-au-Prince, le 7 Mars 1816,
an 13e de l'Indépendance.

ALEXANDRE PÉTION, Président d'Haïti au général MARION, commandant l'arrondissement des Cayes.

Si à l'arsenal des Cayes, il n'existe point de cartouches faites, afin d'en délivrer au général Bolivar, conformément à ce que je vous ai écrit, je vous invite, général, à lui faire donner une quantité de dix milliers de poudre, mais, à prendre telle précaution que cet objet paraisse être destiné pour Jérémie. Vous lui ferez délivrer aussi quinze milliers de plomb.

Je vous invite aussi à arrêter et tenir à la disposition du gouvernement pour être livrés à la frégate et à la corvette de l'Etat qui se rendent aux Cayes expressément, une quantité de marins haïtiens, mais faites en sorte que cela ne dérange point l'expédition du général Bolivar.

Je vous salue d'amitié,

Signé : Petion

Liberté, Egalité.

République d'Haïti.

Alexandre Pétion, Président d'Haïti, au général Marion, commandant l'arrondissement des Cayes.

S'il se trouve, mon cher général, à l'imprimerie des Cayes une presse portative qui ne soit pas absolument nécessaire à cette imprimerie, vous la ferez mettre à la disposition du général Bolivar.

Je vous salue d'amitié,

Signé : Pétion.

République d'Haïti,

Au port-au-Prince, le 19 Mars 1816,
an 13e de l'Indépendance.

Alexandre Pétion, Président d'Haïti, au général Marion, commandant l'arrondissement des Cayes.

Désirant autant qu'il est possible, mon cher général, faire finir les réclamations de Mr Aury, relativement à ce qui lui est dû pour les réparations et avitaillement faits à à bord des goëlettes la Constitution et la Républicaine, vous enverrez le colonel Tate à bord de ces bâtiments, afin qu'assisté du maître charpentier et du maître calfat, il dresse un procès-verbal estimatif de toutes les réparations qui ont été faites par M. Aury sur ces bâtiments depuis leur arrivée aux Cayes, tant dans les gréements, mâtures et voilures, qu'aux corps mêmes des batiments. On prendra également une note exacte des provisions qui existaient à bord de la Constitution lors de la remise qui a eu lieu de cette goëlette à M. Marimon. Vous garderez à l'arsenal, des Cayes à mes ordres, les pièces de canon de 16 en fonte qui ont été débarquées de la goëlette la *Républicaine* afin de répondre d'une partie de ce que le gouvernement sera dans la nécessité de rembourser à M. Aury pour les choses qui lui sont dues.

Si Mr Aury vous produit des passe-ports ou lettres de conduite signées par Mr Juan de Dios Amador, le dernier gouverneur de l'Etat de Carthagène, ou de M^r^. Elias Lopez, lieutenant gouverneur du dit Etat, l'autorisant de se rendre avec ses bâtiments dans un port indépendant, vous le laisserez sortir du port des Cayes.

Vous m'enverrez le procès-verbal estimatif et la note des provisions qui vous auront été remis, afin de statuer ce que de justice à l'égard de Mr Aury.

Je vous salue d'amitié,

Signé: PÉTION.

P. S. J'entends parler de la pièce de canon débarquée de la goëlette *l'Etoile* et qui a été mise à l'arsenal.

A son excellence le président de la République d'Haïti.

EXCELLENCE,

Les marins soussignés du corsaire la *Popa* de l'Etat de Carthagène privés de leurs droits dans le port d'armement, par la fuite honteuse de l'armateur Mr Hesbert, pendant le siège de cette place, avaient été réduits dans la nécessité de recourir à votre justice qui ne fut jamais invoquée en vain par les opprimés. Ils attendaient respectueusement votre décision relativement à leurs justes réclamations, lorsque cet armateur, fidèle à son système d'intrigue et de mauvaise foi, a cru devoir nous jeter dans le labyrinthe de la chicane afin de parvenir plus facilement à son but criminel : ayant refusé toute espèce de moyen conciliatoire que nous lui avons proposé, il nous a fait citer d'abord au tribunal de paix pour nous faire accepter le compte qu'il prétend faire servir au règlement de nos parts de prise, demandant en même temps la levée d'un cautionnement qu'un de nos officiers l'obligea à donner pour répondre de ses droits au moment où il abandonna lâchement la cause de l'indépendance, en quittant Carthagène avant qu'il fût nullement question de l'évacuation de cette place. Le tribunal de paix a tellement été convaincu de l'illégalité du compte présenté par M. Hesbert, qu'il l'a rejeté absolument, en le soumettant à en présenter un autre à la première audience, ainsi, que V. Ex. en sera convaincu par l'extrait du jugement ci-joint. M. Hesbert peu découragé par ce premier échec, parce qu'il paraissait assuré du succès des principales batteries qu'il avait préparées, a poursuivi la demande par devant le tribunal de première instance dont il obtint une séance spéciale pour cette cause le 6 du courant. Ce même jour, le public fut instruit des ordres de V. Ex. relatifs aux discussions judiciaires parmi les étrangers de la Côte-Ferme. Malgré cela le tribunal se rassemble et sans l'intervention de M. Bauduït, son président, il admet le compte de M. Hesbert dont il ne permet pas même la révision à notre défenseur, et fait droit à toutes ses demandes. Cependant les juges n'ignoraient point vos ordres, car M. Daublas, l'un deux, eut la bonhomie d'avouer en quittant son siège, qu'il « connaissait parfaitement les ordres de M. le président d'Haïti relatifs à cette cause, mais qu'ils n'étaient pas encore communiqués officiellement au tribunal ». Deux jours après, M. le colonel Poisson, commandant militaire de cette place, nous a réunis chez lui pour nous communiquer les ordres de Votre Excellence, auquels nous nous sommes empressés d'obéir en nommant notre arbitre ; mais M. Hesbert, se croyant très-fort par la prétendue victoire que l'intrigue venait de lui procurer, a refusé d'obtempérer à vos ordres, ainsi que M. le colonel Poisson aura dû le communiquer à V. E. Il a prétendu qu'il devait vous faire des observations avant de se soumettre à un ordre de choses qui doit faire échouer son système d'intrigue et de mauvaise foi.

Quelle que soit la nature des observations que M. l'armateur s'est réservé de faire à V. E., nous nous bornons à ajouter à l'exposé succint et véridique que nous venons de vous faire de notre situation avec ce Monsieur, qu'il est réellement notre débiteur par le résultat de la croisière que nous avons faite sur son corsaire la *Popa*, que sous aucun rapport nous ne pouvons être privés du droit de discuter le compte qui nous est fourni, pour le règlement de ce qui nous est dû, et que l'erreur ou la mauvaise foi faisant naître des discussions à ce sujet, la manière la plus simple et la plus loyale de les terminer est de les soumettre à la sagesse et aux lumières de deux arbitres nommés d'un commun accord, qui auront plein pouvoir de s'adjoindre un troisième en cas de division. Ne pas admettre ce mode d'arrangement, c'est avouer d'avance qu'on n'est pas de bonne foi. Dans tous les cas, la justice qui caractérise V. E. nous est un sûr garant que nos droits seront à l'abri de toute espèce d'atteinte de la part de M. l'armateur.

Nous avons l'honneur de vous saluer très-respectueusement.

(Signé) Charriol, lieutenant, et Martin, maître d'équipage fesant pour 25 ports.

Liberté, Egalité.

République d'Haïti.

Au Port-au-Prince, le 26 Mars 1816,
an 13e de l'Indépendance.

Alexandre Pétion, président d'Haïti, au général Marion, commandant l'arrondissement des Cayes.

Je suis étonné qu'après avoir écrit au commissaire du gouvernement près les tribunaux du Sud, de ne pas souffrir que les dits tribunaux connaissent et jugent des affaires qui ont rapport aux prises des corsaires des nations belligérantes, le tribunal de première instance des Cayes se soit mis dans le cas de prononcer sur une affaire de cette nature, d'entre M. Hesbert et M. Charriol, etc., etc., parce que ça peut compromettre la neutralité que le gouvernement a toujours eu en vue de garder bien rigoureusement.

Je vous charge, afin de rétablir ce que le procédé du tribunal de première instance des Cayes a pu préjudicier à l'Etat, de notifier au commissaire du gouvernement près les tribunaux du Sud, d'avoir à se transporter au greffe du tribunal de première instance, afin d'annuler et même de bâtonner le jugement rendu dans le cas en question, le 20 Février dernier, comme ne devant avoir aucun effet ; et aussi il préviendra bien positivement le dit tribunal d'avoir à l'avenir à ne pas rendre de sentences dans les affaires de la nation de celle dont s'agit, qui sont évidemment hors de sa compétence, en égard aux circonstances.

Je vous avise que si les parties contendantes veulent terminer leurs affaires par l'arbitrage, elles peuvent le faire.

Je vous salue d'amitié,

(Signé) : Pétion.

Ci-joint des papiers que vous ferez remettre à M. Charriol, en faisant connaître aux parties ma dernière décision.

République d'Haïti.

Port-au-Prince, le 22 Avril 1816,
an 13e de l'Indépendance.

Alexandre Pétion, Président d'Haïti, au général Marion, commandant l'arrondissement des Cayes.

Le général Bermudes désirant, mon cher général, se rendre le plus tôt possible dans sa patrie, afin de concourir à la délivrer du royalisme, je vous invite à le mettre à même de profiter du premier bâtiment qu'il trouvera, pour le porter avec les officiers de ses compatriotes qui voudront le suivre, soit pour les îles voisines de la Côte-Ferme, ou soit à la Côte-Ferme même directement ; et je vous prie, d'avoir pour lui, pendant tout son séjour aux Cayes, les plus grands égards, vous le recommandant comme un officier digne de la considération du gouvernement.

Je vous salue d'amitié,

(Signé) : PÉTION.

Quartier-Général de Carupano, 27 de Juin 1816.

SIMON BOLIVAR, gefe supremo de la Republica, capitan general de los exercitos de Venezuela y de la Nueva-Granada, etc., etc..

A M. le général MARION, commandant l'arrondissement des Cayes.

Monsieur le général,

Je m'empresse de vous informer que nous venons de recevoir de nombreux renforts de patriotes venant de Guiria. Leur courage et leur dévouement m'assurent la prise très-prochaine de la province de Cumana.

Les habitants des plaines nous sont également dévoués. Nous en attendons quelques détachements que nous espérons recevoir dans quelques jours.

J'ai proclamé la liberté absolue des esclaves.

La tyrannie des Espagnols les a tellement rendus stupides et a imprimé dans leur âme, un tel sentiment de terreur et de crainte, qu'ils ont perdu jusqu'au désir d'être libres !

Beaucoup d'entre eux ont suivi les Espagnols, ou se sont embarqués à bord de bâtiments anglais qui les ont vendus dans les colonies voisines (1). Il s'en est présenté à peine une centaine, tandis que le nombre des hommes libres qui ont pris volontairement les armes, est considérable.

Les Espagnols font tous leurs efforts pour entraver nos

---

(1) La nation anglaise, en provoquant l'accomplissement du plus grand évènement qui soit arrivé de nos jours, *l'abolition de la traite*, et en rendant à la liberté tous les esclaves de ses colonies, a fait preuve de trop de philantropie, pour qu'on ne soit persuadé qu'elle renie absolument ces Anglais dont parle Bolivar, ces gens qui ont pu ainsi déshonorer le beau nom qu'ils portaient. Sans doute, il n'appartiennent, ou n'ont pu appartenir qu'à l'écume ou à la lie de cette brave nation, et doivent être, dans tous les cas, assimilés à ces trafiquants de la chair humaine, que depuis longtemps la justice britannique ne cesse de poursuivre à toute outrance.

opérations, en ramassant leurs troupes, mais notre petite armée, animée du sentiment de la liberté, suffira pour les anéantir !

Je vous prie d'avoir la bonté, M. le général, de communiquer les présentes nouvelles à M. le colonel Poisson, ainsi qu'à M. votre ami Daublas.

Je vous renouvelle les assurances de mon sincère attachement et de ma parfaite considération, avec lesquelles j'ai l'honneur d'être,

Monsieur le Général,

Votre très dévoué serviteur,

(signé) : Bolivar,

Port-au-Prince, le 4 Décembre 1816.

Le général Bolivar, à M. le général Marion, commandant de l'arrondissement des Cayes.

Monsieur le général,

Au moment de mon départ pour me restituer à mon pays, et consolider son indépendance, je croirais manquer de reconnaissance, si je n'avais l'honneur de vous remercier de toutes les bontés que vous avez eues pour mes compatriotes. Je suis extrêmement fâché de ne pouvoir vous dire personnellement adieu, et vous offrir de vous servir dans ma patrie dans tout ce qu'il vous plaira m'occuper. Si les bienfaits attachent les hommes, croyez, général, que moi et mes compatriotes aimerons toujours le peuple Haïtien et les dignes chefs qui le rendent heureux.

Permettez-moi, général, de vous prier de mettre le comble à vos bontés, en favorisant M. Villaret à qui j'ai laissé le soin de conduire le restant de notre expédition à Vénézuela, et agréez l'hommage de ma haute considération (1). (signé) : Bolivar.

---

(1) A Carupano où Bolivar débarqua le 31 Mai avec son expédition, il commit la faute de diviser ses forces, du moins de tolérer l'espèce de désertion de Piar et de Marino qui lui persuadèrent de les laisser pénétrer dans l'intérieur afin d'aller, disaient-ils, opérer des levées d'hommes qu'ils emmèneraient bientôt pour grossir sa troupe. Soit que ce fût réellement leur intention, ou soit qu'ils voulussent agir séparément, se dégager enfin de l'autorité de Bolivar, comme on l'a prétendu dans le temps, toujours le chef suprême a-t-il été assez faible pour les laisser partir avec une partie de ses forces et ses meilleurs officiers. L'armée ainsi affaiblie ne put rester à Carupamo sans danger ; Bolivar le sentit bientôt, mais trop tard. Alors il se détermina à gagner Ocumare dont la position était plus convenable sous tous les rapports. D'Ocumare il se porta sur Valencia qui eût été en effet une possession encore bien plus avantageuse pour lui, quand il fut attaqué en

PROCLAMATION.

Quartier-Général d'Ocumare, 6 Juillet 1816.

Simon Bolivar, Chef Suprême, etc. etc.

Aux habitants de Vénézuela,

Une armée pourvue de munitions de guerre de toutes espèces est en marche et sous mes ordres pour vous donner la liberté.

Je veux exterminer vos tyrans, je veux vous rétablir dans tous vos droits, reconquérir la patrie et la paix. De votre côté, vous cesserez à l'instant de tuer les prisonniers

---

route par le général espagnol Morales qui le battit complètement à la tête de 300 hommes seulement. Bolivar ne se sentant pas la force de réparer cet échec, et craignant d'être pris, sa troupe étant en fuite et dispersée, gagna en toute hâte le port d'Ocumare où se trouvaient ses bâtiments ; là il s'embarqua à bord du vaisseau la *Diane*, commandé par le capitaine Débouille, à qui il donna l'ordre de mettre à la voile sur-le-champ. La flotille cingla vers les côtes de Buenos-Ayres, où elle fut jointe par l'amiral Brion, qui venait de Curaçao. La surprise de l'amiral ne fut pas peu grande d'y rencontrer Bolivar. Il lui fit les plus vifs reproches sur sa conduite. Il ne pouvait comprendre que le chef suprême employât l'escadre à protéger sa fuite, lorsque ses compagnons d'armes, privés de tous secours, étaient abandonnés à la fureur de l'ennemi. Enfin il l'exhorta avec chaleur à retourner sur les côtes de Cumana afin de faire tête aux évènements ; ce qu'il voulut tenter en effet : mais à peine fut-il en présence de Piar et de Marino qui se trouvaient dans ces parages, qu'il eut à essuyer de leur part les plus outrageantes expressions de colère et de mépris. Piar le menaça de le faire arrêter et juger, pour avoir compromis par sa fuite, le sort de l'armée. Bolivar profondément offensé d'une menace d'accusation, qu'il ne pardonna jamais, sentit néanmoins qu'il devait songer à la retraite ne possédant plus la confiance et le respect de ses officiers. Il se rembarqua donc sur le même vaisseau la Diane qui le conduisit au Port-au-Prince. Il y était depuis quelques temps, quand Brion qui l'aimait, et qui avait beaucoup de crédit parmi les chefs patriotes, parvint à leur persuader la nécessité de son rappel. Bolivar obtint de nouveaux secours du Président Pétion, et quitta le Port-au-Prince dans le courant de décembre 1816. C'est au moment de son départ qu'il adressa au général Marion la lettre ci-dessus. Le ton mielleux de cette lettre contraste bien singulièrement avec la conduite de ses compatriotes à notre égard. Si ces fiers enfants de la liberté qui sont si jaloux de la position qu'ils occupent dans le monde politique, gardent envers Haïti l'attitude d'une complète indifférence, ils ont bien tort, c'est de l'ingratitude. Ils devraient pourtant se ressouvenir toujours de 1816, et de la bienveillance hospitalité dont ils furent l'objet, alors qu'ailleurs toute assistance leur fut absolument déniée.

de guerre. Nous promettons d'accorder un pardon général à ceux qui nese soumettront,jamais aux Espagnols d'Europe.

Toute troupe de l'ennemi qui se joindra à nous participera aux avantages et aux récompenses qu'on peut attendre du pays et de ses habitants.

Aucun Espagnol ne sera mis à mort, si ce n'est pour fait de résistance à main armée. Il ne sera fait aucun mal aux naturels qui se trouvent dans l'armée ennemie.

Nos malheureux frères qui endurent l'esclavage, sont dès ce moment déclarés libres. Les lois de la nature et de l'humanité, et le gouvernement lui-même réclament leur liberté. Désormais il n'y aura dans Vénézuela qu'une classe d'habitants : tous seront citoyens.

Assitôt que nous nous serons emparés de la capitale, nous convoquerons le peuple pour la nomination de ses députés au Congrès. Pendant que je marcherai sur Caracas, le général Marino assiègera Cumana, le général Piar, secondé des généraux Roxas et Monagas se rendra maître des terres et marchera en personne contre Barcelona, tandis que le Général Arismendi se maintiendra, avec son armée victorieuse dans l'île de la Margarita...

. . . .

Notre travail était déjà à l'impression quand M. Madiou, nous a fait l'amitié de nous communiquer une partie de la correspondance du Général Bolivar avec le président Pétion, consistant en trois pièces, que nous nous empressons de consigner ici.

Quoiqu'elle ait été tardive, cette officieuse communication, en ce sens que, faite auparavant, nous aurions pu exposer avec plus de détail et de développement quelques uns des faits que nous avons relatés, ces précieux documents, qui viennent ajouter à nos preuves, ne laissent pas que d'être ici à leur place. Nous estimons convenable de les faire suivre de quelques réflexions de M. Madiou, déjà publiées, et que nous reproduisons aujourd'hui avec d'autant plus de plaisir, que nous croyons trouver dans la plupart de ses idées une sorte de conformité avec nos sentiments. C'est au surplus nous embellir.

A Son Excellence M. le Président d'Haiti.

Monsieur le Président,

Je suis accablé du poids de vos bienfaits. M. Villaret est retourné on ne peut pas bien dépêché par votre excellence. En tout vous êtes magnanime et indulgent.

Nos affaires sont presque arrangées et sans doute, dans une quinzaine de jours, nous serons en état de partir. Je n'attends que vos dernières faveurs, et s'il est possible, j'irai moi-même vous exprimer l'étendue de ma reconnaissance.

Par M. Inginac, votre digne secrétaire, j'ose vous faire de nouvelles prières.

Dans ma proclamation aux habitants de Vénézuela, et dans les décrets que je dois expédier pour la liberté des esclaves, je ne sais pas s'il me sera permi de témoigner les sentiments de mon cœur envers votre Excellence, et de laisser à la postérité un monument irrécusable de votre philantropie.

Je ne sais, dis-je, si je devrai vous nommer comme l'auteur de notre liberté. Je prie votre Excellence de m'exprimer sa volonté à cet égard.

Le lieutenant-colonel Valdès vous adresse une pétition que je me permets de recommander à votre générosité.

Agréez, Monsieur le Président, les respectueux hommages de la haute considération avec laquelle j'ai l'honneur d'être de votre Excellence, le très humble et obéissant serviteur.

Cayes le 8 février 1816.

signé : BOLIVAR.

ALEXANDRE PÉTION, Président d'Haïti, à son Excellence le Général BOLIVAR, etc

J'ai reçu hier, général, votre estimable lettre du 8 de ce mois. J'écris au général Marion au sujet de l'objet que vous m'avez fait demander, et je vous réfère à lui à ce sujet.

Vous connaissez, Général, mes sentiments pour ce que vous avez à cœur de défendre, et pour vous personnellement, vous devez être donc pénétré combien je désire voir sortir du joug de l'esclavage ceux qui y gémissent, mais des motifs qui se rapportent aux ménagements que je dois à une nation qui ne s'est pas encore prononcée contre la République d'une manière offensive, m'obligent à vous prier de ne rien proclamer, dans l'étendue de la République, ni de nommer mon nom dans aucun de vos actes, et je compte, à cet égard, sur les sentiments qui vous caractérisent.

J'ai bien reçu la supplique du lieutenant-colonel Juan Valdès et j'y ai fait droit. Le général Marion est chargé de lui faire donner l'objet de sa demande.

Je fais des vœux pour le bonheur de votre Excellence, et la prie de me croire avec la plus parfaite considération.

Signé : PÉTION.

Port-au-Prince, le 18 Février 1816, an 13e de l'Indépendance.

Dans le palais National de Santa-Fé de Bogota, Pétion ne devrait-il pas être élevé sur un piédestal portant ces mots de Bolivar : *Vous êtes l'auteur de notre Liberté.*

Cette gloire de Pétion rejaillit sur toute Haïti. Alors la vraie liberté n'existait nulle part dans le Nouveau-Monde, si ce n'était en Haïti le deuxième Etat indépendant de l'Amérique. Nous disons la vraie liberté, car nous ne concevons pas un pays, libre, au 19e siècle, dont les champs sont couverts d'esclaves sans cesse torturés. Le mot liberté, tracé orgueilleusement sur le drapeau des Etats de l'Union américaine ne peut enthousiasmer les cœurs, car c'est une illusion.

Bolivar atteignit les rivages de la province de Vénézuéla, y éprouva encore des revers et revint en Haïti, où il reçut une seconde fois des armes et d'autres munitions du Président Pétion. Il ne dut réellement son triomphe qu'aux secours opiniâtres de notre gouvernement.

En quittant la terre d'Haïti, qui lui avait donné une si noble hospitalité, pour ne plus la revoir, il adressa la lettre suivante au Président Pétion,

Port-au Prince, le 9 Octobre 1816.

Monsieur le Président,

Que la plume est un fidèle instrument pour transmettre en liberté les sentiments sincères qu'inspire l'admiration ! si la flatterie est un poison mortel pour les âmes communes, les louanges, dues au mérite, nourrissent les âmes sublimes. Je me permets d'écrire à votre Excellence, parce que je n'ose lui dire tout ce que je sens pour elle. L'absence m'encourage à montrer le fond de mon cœur.

Il est doux sans doute de remplir les devoirs de la reconnaissance ; mais ce n'est pas ce devoir qui me dicte les hommages respectueux que je veux lui rendre.

Vingt-cinq ans de sacrifices, de gloire et de vertus ont acquis à votre Excellence les suffrages unanimes de tous ses concitoyens, ceux de tous les étrangers illustres, et ceux de la postérité qui l'attend. Ce n'est pas le pouvoir, certes le plus glorieux des attributs de l'autorité qui vous est confiée par un peuple libre qui fait votre mérite. Votre Excellence possède une faculté qui est au dessus de tous les empires, celle de la bienfaisance. Elle est presque seule dépositaire de ce trésor sacré. Il n'y a que le Président d'Haïti qui gouverne pour le peuple, il n'y a que lui qui commande à ses égaux. Le reste des potentats, contents de se faire obéir, méprisent l'amour qui fait votre gloire.

Votre Excellence vient d'être élevée à la dignité perpétuelle de Chef de la République, aux acclamations libres de ses concitoyens, seule source légitime de toute puissance humaine ! Elle est donc destinée à faire oublier la mémoire du grand Washington, en se frayant une carrière d'autant plus illustre, que les obstacles sont supérieurs à tous les moyens. Le héros du Nord ne trouva que des soldats ennemis à vaincre, et son plus grand triomphe fut celui de sa propre ambition. Votre Excellence a tout à vaincre, ennemis et amis, étrangers et nationaux, les pères de la patrie et jusques aux vertus de ses frères. Cette tâche ne sera pas la plus difficile pour votre Excellence, car Elle est au-dessus de son pays et de son époque.

Je prie votre Excellence d'agréer avec l'indulgence qu'Elle a toujours eue pour moi, l'expression candide d'une admiration sans bornes, pour ses vertus, du respect pour ses talents, et de la reconnaissance pour ses bienfaits.

Je suis de votre Excellence le très humble et obéissant serviteur.

Signé : Bolivar

Ce même Bolivar oublia l'hospitalité efficace qui l'avait accueilli parmi nous. Au congrès de Panama qu'il réunit en 1821, pour former de tous les Etats indépendants du Nouveau-Monde une amphictyonie, il n'invita pas Haïti. Cependant les Colombiens nous devaient beaucoup. Quelle fut la cause de cet oubli? Est-ce parce que nos pères ou nos mères à des époques plus ou moins rapprochées ont été esclaves ? Se serait-il laissé persuader que nous avions été dégradés par la servitude ? Cependant, nous avions reçu un baptême de sang qui n'a laissé aucun vestige de notre péché originel, si péché, il a pu exister. La liberté a tracé sur notre front le signe caractéristique de l'homme qui, par son héroïsme, a brisé ses chaînes sans avoir accepté sa condition comme légitime. L'Haïtien n'ayant jamais transigé avec son maître est demeuré libre, quoique courbé par la force contre la terre : tel le paysan de la Seine, de la Loire de la Garonne et du Rhône, fier de la liberté qu'il venait de conquérir, déclara par l'organe du général Bonaparte, que la République française était comme le soleil, qu'elle n'avait pas besoin d'être reconnue. L'héroïsme établit l'égalité entre les hommes ; l'aristocratie la plus opiniâtre lui fait des concessions. A Valmy, Brunswick n'a-t-il pas appris à ne plus mépriser les laboureurs des campagnes de France, les ouvriers des faubourgs de Paris ? L'homme dont le sang est dégradé est celui qui ne s'indigne pas de la servitude et qui s'y trouve comme dans son état normal.

Louis-le-Grand ne craignit pas de délivrer des lettres de noblesse, aux flibustiers, l'écume des rivages de la France, qui s'étaient unis à des prostituées amenées par cargaison, à la Tortue, au Port de Paix. Pouvait-il ne pas tendre la main à des hommes qui par une prodigieuse intrépidité, avaient fait oublier leur condition primitive.

Toussaint Louverture, un des principaux fondateurs de la liberté de nos masses, avait tellement compris qu'après tant de luttes sanglantes, le peuple de Saint-Domingue avait relevé sa couleur avilie, qu'il appela orphelins ceux auxquels le régime colonial ne permettait pas d'avoir ni pères ni mères.

M. Laisné de Villevêque, député du Loiret, sentait bien qu'Haïti s'était dépouillée des souillures de l'esclavage, lorsque dans la séance de la Chambre des Députés de France du 22 Janvier 1822, il s'écria : « Je suis aussi sensible que qui que ce soit à l'honneur et à la dignité de mon pays, mais je ne vois pas pourquoi la France serait déshonorée de traiter avec une colonie insurgée, lorsque l'Angleterre ne l'a pas été en négociant en 1783 avec les siennes. »

Bolivar aurait-il, comme chef d'Etat, sacrifié aux exigences des députés de l'Union américaine qui ont refusé de siéger auprès des députés noirs et jaunes de notre pays ?... Quel que soit le motif de sa conduite, Haïti le condamnera toujours. La raison d'Etat ne l'excuse pas d'avoir oublié que Pétion fut l'auteur de la liberté du peuple auquel il présidait.

Etrange destinée ! en 1816 on vit les indigènes d'Haïti, connus sous la dénomination de *noirs*, tendre la main à des *blancs*, possesseurs d'esclaves, qui opprimés à leur tour, reconnaissaient la légitimité de notre révolution et sentaient vivement, circonvenus par les persécutions, tout ce que l'esclavage a d'odieux. Cette démarche de Bolivar auprès de Pétion met brillamment en relief la sainteté de la cause qui amena notre indépendance. Billaud Varennes, ce sanglant conventionnel, reçut aussi l'hospitalité de Pétion. En découvrant Haïti, il dit : « C'est la seule terre où je puisse respirer librement. Le peuple dans le sein duquel je vais sera pour moi indulgent, car, lui aussi a vu la liberté, que la tyrannie avait enchaînée, briser ses chaines, terrasser ses oppresseurs, et dans sa fureur déraciner un infâme système »,

Peu de temps après Bolivar, en Septembre 1816, Mina, qui s'était distingué en Espagne, lorsque les armées françaises avaient inondé cette contrée, arriva au Port-au-Prince avec de nombreux compagnons irlandais et écossais. Il allait tenter une révolution dans l'Amérique espagnole. Pétion l'entoura de toutes sortes d'égards et l'aida autant que les circonstances le lui permettaient.

Lorsque la Grèce, jeta son cri de douleur, et qu'elle s'arma contre ses exterminateurs, tous les cœurs généreux furent émus. Elle adressa au Président Boyer, alors chef d'un peuple qui avait si noblement pris rang parmi les nations, dès le 1er Janvier 1804, une lettre touchante et sublime dont la lecture ne pouvait qu'attendrir et enthousiasmer. Elle lui demandait sinon des bataillons, du moins quelques-uns de ces braves guerriers qui avaient si brillamment défendu la cause de liberté. Le gouvernement haïtien demeura froid en présence de si glorieuses instances. Avec quel transport d'admiration l'Europe n'eut-elle pas vu nos vétérans et nos jeunes gens voler au secours des hellènes expirants ! de quelle gloire immortelle les haïtiens ne se fussent-ils pas couronnés en combattant sur les ruines d'Athènes et d'Argos, dans les rangs des fils de Miltiade et d'Epaminondas !....,

Une heureuse occasion de remplir un devoir pieux envers la liberté nous échappa. Peut-être en eut-il coûté à Haïti quelques sacrifices ; certes nos vétérans et nos jeunes volontaires eussent avec joie versé tout leur sang pour une cause si noble, et pour la gloire de leur patrie, dont le nom se fut répandu dans les contrées de l'Orient (1).

---

(1) Si le gouvernement haïtien ne répondit point alors à l'appel qui lui fut fait, il est raisonnable de penser qu'il en fut empêché par de bonnes raisons, car on sait que la force des circonstances est pour l'ordinaire plus puissante que toutes les volontés humaines. D'ailleurs, telle chose qui paraît très facile, vue à travers le prisme de l'enthousiasme est souvent, d'une difficulté extrême, exposée dans son vrai jour, ou considérée sous des points de vue politique.

Nous savons tous ce que la cause des Hellènes avait de grand, de sacré, et tout ce que la civilisation moderne doit aux enseignements et aux beaux exemples de la Grèce antique , mais était-il possible, convenable même, à des haïtiens d'aller dans un autre monde, d'aller à plus de 2.000 lieues de leur patrie, combattre pour une cause à laquelle ils n'étaient qu'indirectement intéressés, eux surtout qui pouvaient avoir tant de choses à faire dans leur propre pays ?.,.... Si dans la guerre de l'indépendance américaine, la France permit à ses fils de prendre une part si active, c'est qu'elle y avait elle-même un intérêt direct ; il était certainement de la plus grande importance pour elle de concourir à abaisser une puissance rivale, dont l'influence pourrait lui être importune sous bien des rapports. On acquitte un devoir de l'humanité, on se couvre de gloire, sans doute en volant au secours de ses semblables opprimés ; mais lorsqu'on ne saurait le faire efficacement, le mieux n'est-il pas de se borner à former des vœux ? C'est apparemment ce que fit le gouvernement de l'époque.

Note de l'Editeur.
(Edition originale de 1849)

Les deux tombeaux d'Alexandre Pétion, A. P., et de sa fille Célie Pétion, C. P.

Cette gravure représente un coin maintenant disparu du vieux Port-au-Prince depuis 1923 ; sa valeur documentaire est donc considérable. Un odieux sacrilège a déplacé ces deux tombeaux qui se trouvaient à la *Place Pétion* créée par la loi du 6 Juin 1818.

APPENDICE

I. — Le Centenaire de la Mort de Pétion

Sous ce titre, le « Bulletin de l'Union Panaméricaine » de juin 1918 a consacré un article très élogieux au grand philanthrope et homme d'Etat haïtien dont la mort a eu lieu le 29 mars 1818. Cet article est illustré d'un portrait de Pétion et de son tombeau et de celui de sa fille sur la *Place Pétion* qui a été débaptisée après plus de cent ans, par cette rage d'ingratitude sacrilège et de lèse-patrie envers le plus grand des Haïtiens.

Il faut féliciter la rédaction du « Bulletin de l'Union Panaméricaine » d'avoir pensé à Celui que Bolivar a nommé *l'auteur de la liberté de l'Amérique du Sud*. L'article contient cependant quelques inexactitudes faciles à vérifier en Haïti et qui proviennent d'une petite confusion entre Pétion et Boyer. La gravure représentant « les tombeaux de Pétion et de sa fille » nous montre un coin du vieux Port-au-Prince, disparu depuis dans cette furie sacrilège qui détruit tout ce qui donnait un cachet spécifique caractéristique à la nation. Dieu est bon et conservera toujours la Patrie de Pétion.

Nous reproduisons quelques extraits de cet article qui rend un si bel hommage à Pétion :

« Un écrivain américain latin renommé a résumé et son caractère et son travail dans les termes suivants : Par ses vertus civiques et la sagesse de son administration, Pétion se fit l'idole des Haïtiens. L'agriculture, le commerce, l'instruction publique, la police, tout ce qui pouvait avancer la richesse industrielle et le bien-être moral de la nation, devinrent l'objet de son vif intérêt et de sa sollicitude constante; dans ses relations avec les puissances de l'Amérique et de l'Europe il fit voir la franchise et la dignité de son caractère sans montrer la moindre infériorité sur les représentants des autres nations en habileté et en usages diplomatiques...

« Alexandre Pétion fut non seulement un défenseur enthousiaste de l'indépendance de Haïti, mais ce fut aussi *le plus illustre* des présidents de ce pays. Un homme du plus noble caractère et aux intentions les plus généreuses, il contribua matériellement à l'émancipation de l'Amérique espagnole en fournissant les munitions à Bolivar, en l'aidant *de diverses manières aux jours d'adversité*, quand il trouva un accueil fraternel sur le sol *libre* de Haïti.

« Le Vénézuéla, qui fut le plus directement favorisé par la générosité de celui dont la première qualité était bonté, a dit Bolivar, n'a pas oublié un moment sa dette de révérence en sa mémoire. Dans le salon elliptique de son Palais fédéral, une salle somptueuse ornée de portraits des grands hommes et des belles peintures qui perpétuent les exploits de ses héros, le Vénézuéla plaça en proéminence le portrait du généreux haïtien. Plus tard, à l'occasion de la célébration du centenaire de l'indépendance du pays, on résolut d'ériger une statue en son honneur qui orne à présent la place qui porte son nom... »

Le geste du Bulletin de l'Union Panaméricaine est d'autant plus louable qu'en Haïti l'anniversaire de ce jour de deuil avait complètement passé inaperçu. Malgré les ravages de la grande guerre, on s'en est souvenu à l'étranger. Quelle tristesse!

Il faut espérer qu'un jour cette indifférence sera réparée par le gouvernement de justice et de vérité qui arrivera probablement avant longtemps et décrètera, par une loi ou plutôt par un article constitutionnel, le 29 mars jour de deuil national où sera célébrée une messe solennelle dans toutes les Eglises et chapelles de la République. La *Place Pétion* sera aussi rétablie par la résurrection de la loi plus que centenaire du 6 juin 1818, criminellement abrogée en 1923.

II. — La Flotte Américaine dans les Eaux territoriales de la République d'Haïti.

par le Docteur François DALENCOUR.

A la mémoire de Simon Bolivar et d'Alexandre Pétion.
Pour la défense de la Patrie haïtienne.

Depuis tantôt trois ans la flotte américaine, au grand complet, ne cesse de faire des visites réitérées dans les eaux haïtiennes, dans les parages du Môle Saint-Nicolas et de Gonaïves, qui font vis-à-vis à la base navale américaine de *Guantanamo*, à Cuba. La lecture de la carte, mieux que toute description, explique bien ce voisinage et ce danger pour l'indépendance d'Haïti.

Il est donc compréhensible que les Haïtiens, soucieux de leur dignité nationale, soient très inquiets de ces séjours prolongés des trois quarts de l'immense flotte américaine dans le rayon des limites qui, d'après le Droit des Gens, forment le territoire inviolable de tout pays. Ce fait brutal constitue une offense grave à la nation haïtienne et une violation manifeste de la neutralité haïtienne.

La Convention de 1915.

S'il est de toute notoriété que la République d'Haïti a signé en septembre 1915 une *Convention* politique et financière avec les Etats-Unis de l'Amérique du Nord, il est hors de doute que dans ce document diplomatique il n'y a pas la moindre trace d'une concession de ce genre.

Au contraire, au cours des pourparlers qui ont abouti à la conclusion de la Convention de 1915, les délégués nord-américains avaient insisté à plusieurs reprises sur la cession du *Môle Saint-Nicolas* comme base navale nord-américaine. Les esprits furent dans une telle surexcitation que cette clause malhonnête dût être écartée. C'est alors seulement que les négociations purent prendre un courant favorable. L'opinion publique haïtienne fut intraitable sur la question du territoire. Le gouvernement haïtien de 1915, nommé grâce aux baïonnettes américaines, eût été balayé malgré tout, s'il avait persisté dans ses faiblesses coupables et épicuriennes qui, depuis lors, ont rivé une chaîne de forçat au peuple haïtien.

Cuba et Haïti.

Ouvrons une parenthèse pour faire comprendre à l'univers entier que Cuba n'a pas eu la même formation glorieuse que Haïti.

Cuba doit son indépendance à l'Intervention nord-américaine. Elle s'était donc mis par là sur une dette morale que les Nord-Américains, en gens pratiques, ont transformée en droit de conquête par la main mise définitive sur *Guantanamo* qu'ils ont érigé en *base navale*. Tandis que nous autres Haïtiens, électrisés par les grands principes de la Révolution française de 1789, nous avons, *sans l'assistance matérielle ni morale de qui que ce soit*, lutté pendant quatorze ans par le fer, par le feu et dans le sang, pour conquérir en 1804 *notre Indépendance intégrale*.

Nous avons donc le droit de rester farouchement attachés à ce sol que nous avons conquis avec les plus grandes difficultés et dans les plus dures privations. Nous ne pouvons donc pas admettre que Haïti, notre chère Patrie, subisse le même traitement avilissant que Cuba.

L'impression chez le peuple haïtien.

Le peuple haïtien voit de très mauvais œil ces visites réitérées de la flotte nord-américaine dans les baies de Gonaïves et du Môle Saint-Nicolas ; il sent que les Nord-Américains ont créé un *état de fait* qui équivaut à une base navale. La clameur publique affirme que la flotte américaine a pris toutes ses dispositions pour que ce passage par où vient finir le canal du Môle et qui aboutit au Canal de Panama soit tapissé de *mines sous-marines* et par là complètement impropre à la circulation maritime et sous-marine en cas de guerre. De ce seul fait le blocus des côtes de la Jamaïque, du Mexique, du Guatémala, du Honduras, du Nicaragua, de Costa-Rica, de Colombie, du Vénézuéla, pourra être facilement et automatiquement réalisé.

Si tout cela est exact, la neutralité haïtienne devient absolument inexistante. En effet comment admettre qu'une *flotte de trente à quarante navires* séjourne pendant des semaines, parfois des mois, dans les eaux territoriales d'un pays, sans froisser la dignité du peuple qui est obligé de subir cet outrage infâmant, cet abus injustifié de la force.

Ces manœuvres insolites de la flotte nord-américaine coïncident avec les intrigues nord-américaines à Panama pour obtenir le vote d'un nouveau traité qui viole l'indépendance de ce petit peuple et deviendra la négation flagrante du Droit international public.

Il est à redouter que la diplomatie nord-américaine ne fasse les mêmes manœuvres en Haïti, comme la clameur publique l'avance sans ambages. On chuchote à voix très basse de base navale par ici, et confirmation apparente en est donnée par les évolutions anormales de la flotte nord-américaine.

Enfin tout se passe comme si les côtes occidentales d'Haïti n'étaient qu'un prolongement du fameux Canal de Panama. Le gouvernement nord-américain veut faire d'Haïti une grande *base militaire de ravitaillement*, à mi-chemin entre New-York et la zone du Canal et l'Amérique du Sud.

Aussi le peuple haïtien est dans une inquiétude et une anxiété indescriptibles. Tous les Haïtiens sensés se rendent compte qu'un grand malheur approche pour la nation haïtienne.

Le but des Nord-Américains.

Tous ces faits mettent au grand jour l'impérialisme nord-américain et son manque absolu de pacifisme. Le gouvernement nord-américain démontre ouvertement qu'il n'a pas l'amour sincère de la paix et le souci de la solidarité internationale. Les menées suspectes de la flotte nord-américaine n'ont d'autre but que de bloquer contre l'Europe le passage vers le Canal de Panama et de diminuer militairement l'Amérique Centrale et Méridionale, comme le fait comprendre la carte.

De cette façon le gouvernement nord-américain s'assure la maîtrise de tout l'Océan Atlantique afin de dominer toute l'Amérique : Amérique du Nord, Centre-Amérique et Amérique du Sud. Cette maîtrise maritime doit aboutir à une domination économique absolue. Toutes les nations de l'Amérique deviendront les tributaires du gouvernement de Washington, qui ouvre et ferme à son gré toutes les écluses et n'admet pas la concurrence européenne et japonaise dans la chose la plus libre qui soit au monde, c'est-à-dire le commerce. Toutes les nations de l'Amérique doivent devenir les vassales de Washington. La vie deviendra impossible si l'on ne va pas respirer à Wall-Street. L'égoïsme américain doit asphyxier tous les peuples qui n'acceptent pas de devenir les esclaves du Département d'Etat.

Exemples.

Le Brésil fait un emprunt en Angleterre. Tout de suite ses cafés subissent la colère du marché nord-américain qui fait baisser les prix, menaçant de famine des millions de producteurs de tout le pays. Le Mexique veut protéger son pétrole, mais il sera dévoré par les guerres civiles. Malheur au peuple centre-et-sud américain, si, fuyant les rives du Potomack, il cherche uneatmosphère plus altruiste et bienfaisante chez les nations européennes, la France surtout ; il est sûr d'avoir à faire face à une complication intérieure, politique ou financière, qui menaee son existence même.

Par le dollar.

Cet impérialisme, maculé du sang des travailleurs n'a pu se réaliser que grâce à la puissance de l'argent. L'argent diminue la force de la Morale dans tous les pays, parce que partout il y a de mauvais citoyens qui préfèrent les jouissances à la dignité de leur pays. Pendant la grande guerre 1914-18, nous avons vu que, dans chacun des pays combattants, il y a eu des traîtres qui ont trafiqué de l'honneur de leur patrie. Partout il y a des *marchands de patrie.*

Il n'est pas étonnant que l'impérialisme nord-américain ait si beau jeu. Il n'est donc pas étonnant que Washington ait trouvé en Haïti tant d'êtres malhonnêtes pour servir tous ses desseins et lui permettre d'arriver à son but suprême qui est d'asservir toute l'Amérique latine. Les faiblesses du gouvernement haïtien ne trahissent pas seulement la grande destinée historique du peuple haïtien, mais compromettent aussi l'avenir économique et politique de toute l'Amérique Latine.

Debout, les Latins.

Il me semble donc que tous les hommes d'Etat de toute l'Amérique Latine ont pour devoir de se concerter afin d'apporter un concours efficace au rétablissement de la vraie autonomie haïtienne qui doit aboutir, cette fois à la *neutralisation* de l'île d'Haïti sous l'égide de la Société des Nations. La topographie de l'île d'Haïti est telle qu'elle peut servir de forteresse avancée à toute l'Amérique.

L'Amérique Latine nous doit cet effort moral : elle n'a qu'à se souvenir d'Alexandre Pétion qui par les secours donnés à Simon Bolivar a permis la libération de, toutes les nations de l'Amérique Latine.

Il est d'ailleurs temps que les nations de l'Amérique Latine s'unissent afin de s'entr'aider pour ne pas être en état d'infériorité en face de l'impérialisme nord-américain. Il est temps de former une *Union Latine* qui dônnerait son concours à la Société des Nations dans le sens des intérêts latins et de l'Humanité en général.

L'Effort de la France

Depuis quelque temps un beau mouvement se dessine dans l'Amérique Latine en faveur des savants et des artistes français. Les professeurs français vont porter la bonne parole un peu partout dans l'Amérique Latine. Ce mouvement est de bon augure. On ne pourrait trouver de meilleur patronage que la France, qui n'a, elle, aucune visée égoïste, ni impérialiste. Au contraire, la France remplit toujours avec grâce son beau rôle d'*éducatrice des nations.* Cette suprématie morale, bienfaisante, est tout à l'honneur du pays de Pasteur.

Le grand danger

Aujourd'hui, le gouvernement nord-américain devient un danger pour toute l'Amérique Latine par la mainmise absolue sur la pauvre République d'Haïti. Que tous les hommes d'Etat et les penseurs de l'Amérique Latine, qui croient encore à la justice viennent au secours d'Haïti. C'est une œuvre de paix et de concorde internationale qui doit retenir l'attention de tous les philanthropes du monde entier.

Toute l'Amérique Latine est menacée. Je veux bien croire que les hommes d'Etat de l'Amérique Latine ont la claire prescience des évènements qui s'annoncent. Ce qui est arrivé en Europe en 1914-1918 arrivera aussi en Amérique. Si les Etats-Unis de l'Amérique du Nord sont entraînés dans une guerre, ce sera une *conflagration générale dans toute l'Amérique*. Tous les Etats de l'Amérique Latine seront entraînés, *malgré eux*, dans le nouveau conflit. *Personne n'y échappera.*

Les hommes d'État de toute l'Amérique Latine se mordront le pouce s'ils continuent à rester indifférents envers Haïti et Panama. *La question haïtienne est une question vitale pour toute l'Amérique Latine.* Prenez garde qu'il ne soit trop tard pour qu'on le comprenne.

L'opinion de quelques femmes nord-américaines

Déjà, aux Etats-Unis même, il y a quelques éléments qui désapprouvent les mauvais traitements que le Département d'Etat inflige bien inutilement au peuple haïtien dont le budget est livré à la rapacité de quelques aventuriers, sans le moindre contrôle. Déjà les femmes nord-

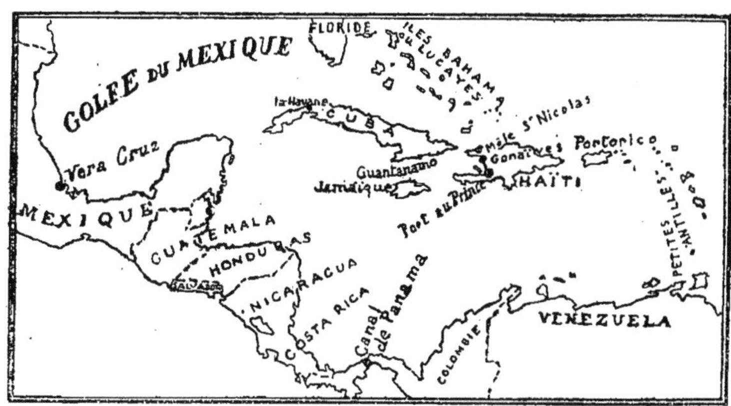

américaines, qui sont venues sur place étudier le problème haïtien ont été émues en constatant l'extension abusive de l'occupation nord-américaine. Il est à espérer que toutes ces femmes feront comprendre à leur gouvernement que c'est un abus injustifiable de la force que de violer si souvent la neutralité des eaux haïtiennes en répandant la terreur qu'inspire une conflagration prochaine par la prise de possession déguisée des points qui commandent l'entrée du Canal de Panama.

Haïti aux Haïtiens

La République d'Haïti n'est pas à vendre. Le territoire haïtien est inaliénable et imprescriptible, disent péremptoirement toutes les Constitutions haïtiennes. Bien que notre pays soit occupé militairement, le peuple haïtien n'entend pas qu'on trafique de son indépendance, ni qu'on se serve de ses malheurs pour asservir d'autres peuples qui lui doivent en partie leur autonomie.

Le monde entier est à la paix. Il est malheureux que les évolutions de la flotte nord-américaine nous fassent positivement comprendre que nous sommes à la veille d'une nouvelle calamité. Il était si facile au gouvernement nord-américain d'adhérer au mouvement de fraternité universelle inauguré par la Société des Nations.

Dr François Dalencour,

(Extrait de « *Paris Sud et Centre Amérique* » du 29 mars 1927).

III. — Fragments du Discours du Sénateur John J. Blaine, au Congrès Américain le 3 février 1928

«Tournons-nous vers Cuba. Avec la base navale que nous y possédons, avec nos marines qu'on trouve en certains endroits de l'intérieur de ce pays et avec la menace de notre épée suspendue sur la tête du peuple cubain, Cuba est privée de son droit de souveraineté absolue.

« Ah ! vous ne pouvez que dire que Cuba s'est engagée elle-même dans un traité accordant à l'Amérique le droit de limiter et de s'assujettir la souveraineté cubaine et de contrôler les destinés politiques et financières de ce territoire par le moyen de « landlords » absentéistes et de banquiers américains.

« Quand Cuba se soumit à cette *dégradation*, elle était inapte et impuissante à se défendre. Une autorité non moindre que celle généralement reconnue au Docteur Charles Wilson Hackett, professeur d'histoire latino-américaine à l'Université du Texas dit, dans un article de « *Current History* » de septembre 1927 — et ce qu'il dit définit exactement l'attitude du peuple cubain aujourd'hui :

« La force du sentiment nationaliste et anti-américain « dans l'île a été reconnue par le Président Machado en « mai de cette année 1927, quand au cours de sa récente « visite aux Etats-Unis, il déclara qu'il proposerait au « gouvernement des Etats-Unis d'arriver à une rupture « des liens qui unissent Cuba aux Etats-Unis. »

« C'est tout simplement un *mandat* que les Etats-Unis exercent sur la Perle des Antilles.

« Impérialisme ! Tournons-nous vers Haïti où des officiers de l'armée et de la marine américaine, soutenus par une armée américaine, gouvernent ou prétendent protéger les haïtiens, où un conseiller financier américain administre en dictateur les finances, décide des emprunts sous la garantie du gouvernement des Etats-Unis, où le gouvernement haïtien repose sur la force des armes américaines, où la Constitution haïtienne rédigée par le personnel de notre marine de guerre a été ratifiée par *une consultation populaire qui, si elle avait eu lieu aux Etats-Unis, dans des circonstances semblables, aurait été déclarée* **nulle et non avenue.** »

FIN

TABLE DES MATIÈRES

Alexandre Pétion devant l'Humanité
Alexandre Pétion et Simon Bolivar
Haïti et l'Amérique Latine

www.ingramcontent.com/pod-product-compliance
Ingram Content Group UK Ltd.
Pitfield, Milton Keynes, MK11 3LW, UK
UKHW020152220726
13923UKWH00001B/488